U0682827

赵宁 著

赤壁之战

辽宁人民出版社

© 赵宁　2023

图书在版编目（CIP）数据

赤壁之战 / 赵宁著 . —沈阳：辽宁人民出版社，
2023.1
　（中国古代传奇战争系列）
　ISBN 978-7-205-10470-2

　Ⅰ . ①赤… Ⅱ . ①赵… Ⅲ . ①赤壁之战—通俗读物
Ⅳ . ① K234.209

　中国版本图书馆 CIP 数据核字（2022）第 083467 号

出版发行：辽宁人民出版社
　　　　　地址：沈阳市和平区十一纬路 25 号　邮编：110003
　　　　　电话：024-23284191（发行部）　024-23284304（办公室）
　　　　　http：//www.lnpph.com.cn
印　　　刷：北京长宁印刷有限公司天津分公司
幅面尺寸：165mm×235mm
印　　张：17
字　　数：200 千字
出版时间：2023 年 1 月第 1 版
印刷时间：2023 年 1 月第 1 次印刷
责任编辑：赵维宁
封面设计：琥珀视觉
版式设计：一诺设计
责任校对：郑　佳
书　　号：ISBN 978-7-205-10470-2

定　　价：49.80 元

序　言

东汉建安十三年（208），孙权、刘备联军在长江赤壁一带，大败曹操军队，史称赤壁之战。

赤壁决战，曹操在有利形势下，轻敌自负，指挥失误，终致战败。孙权、刘备在强敌进逼关头，结盟抗战，扬水战之长，巧用火攻，最终以少胜多，以弱胜强。此战为日后魏、蜀、吴三国鼎立奠定了基础。

本书是以曹操为主角来写的赤壁之战。曹操是难得一见的，有智谋、胸襟、热情、魄力、创意的政治家、军事家。他一生征战，为全国尽快统一，在北方广泛屯田，兴修水利，解决了军粮缺乏的问题，对农业生产的恢复有一定作用；另外，他用人唯才，收罗社会中下层人物，抑制豪强，加强集权，使其所统治的地区社会经济得到恢复和发展。此外，他还精于兵法，著《孙子略解》《兵书接要》《孟德新书》等。作为一代枭雄，他精通音律，善诗歌，《蒿里行》《观沧海》等诗篇，抒发了他的政治抱负，并反映了汉末人民的苦难生活，气魄雄伟，慷慨悲凉。散文亦清峻整洁，著作有《魏武帝集》。

在政治军事方面，曹操消灭了众多割据势力，统一了中国北方大部分区域，并实行一系列政策恢复经济生产和社会秩序，奠定了曹魏立国的基础。文学方面，在曹操父子的推动下形成了以"三曹"（曹操、曹丕、曹植）为代表的建安文学，史称"建安风骨"。他的诗以慷慨悲壮著称，在文学史上留下了光辉的一笔。

本书以曹操丰富多彩的人生经历为主线，全面、详尽地描述了他对中国历史做出的卓越贡献，也描述了他为人谲诈的一面。尽管赤壁大战中，他是失败者，但不可否认他是汉末三国时期真正的一代英雄。

赵宁

2022 年 3 月

目　录

第六章　刘备寻贤

第七章　赤壁决战

第八章　同盟破裂

第九章　曹操的功与过

第一章　初露峥嵘

一、任侠放荡

东汉末年，宦官专权，政治腐败，社会动荡不安。这是一个动乱的时代，也是一个英雄辈出的时代。

汉高祖的九世孙刘秀所建立的东汉王朝是一个由豪强地主所统治的王朝，与他的祖宗刘邦所建立的西汉王朝相比，"布衣之士"当官可谓凤毛麟角。大地主不仅拥有大量财产，而且身居高位，可发号施令。如贵族地主济南王刘康，有田 800 顷，奴婢多达 1400 余人……贫富悬殊不断扩大，普通百姓不断沦为佃农、雇农，社会地位不断下降，甚至成为奴婢。统治者和被统治者的矛盾日趋激烈。统治阶级内部也进行着十分激烈的斗争。

外戚与宦官一直争权夺利，狗咬狗的斗争愈演愈烈。外戚是皇帝的母族、妻族，一些当舅子的人，从不安分守己，总是通过太后、皇后的裙带关系去获取官位，控制朝廷。特别是幼年皇帝登基之后，太后、皇后往往要借助自己的父兄来处理政事，让这些人担任高官，把持军政大权。如果皇帝长大以后同专权的外戚政见不一，那么他就会依靠宦官同外戚进行斗争，胜利之后，宦官又开始专权。如此不断轮回，就出现了外戚与宦官的明争暗斗。

外戚与宦官斗争非常激烈，以汉桓帝和汉灵帝时期尤为突出。上层腐败，各级官吏贪赃枉法，全不顾及百姓的生死存亡。上天似乎也和人过不去，在人祸未息的同时，天灾也是不断，真的是民不聊生。

史书记载，东汉时期发生大水灾 27 次，桓、灵帝时期就有 13 次，占水灾次数的二分之一；东汉时期发生大旱灾 17 次，桓、灵帝时期就有 6 次，占旱灾次数的三分之一。另外，据不完全统计，桓、灵帝时期发生大蝗灾 7 次，大风灾 2 次，大雹灾 7 次，大疫灾 8 次，地震十多次。

天旱水涝、蝗虫冰雹、瘟疫、地震不断发生，普通百姓苦不堪言，处于水深火热之中。天灾人祸搞得全国出现了"地广而不得耕，民众而无所食"的凄凉景象，甚至还有"人相食"的人间惨剧发生。就在曹操出生的那年二月，司隶（今洛阳附近）、冀州（今河北省中部）发生饥荒，饥荒中，人们在吃净了所有的草粮、树皮后，甚至开始吃死尸。著名诗人王粲在 192 年从长安去荆州的途中，目睹战争动乱的社会惨象，在《七哀诗》中写道："出门无所见，白骨蔽平原。路有饥妇人，抱子弃草间。"这正是东汉末年社会动荡、民不聊生的真实写照。

随着社会危机的加深，阶级矛盾的激化，东汉末年农民的反抗斗争也层出不穷，一浪高过一浪。桓、灵帝时期各地爆发大规模农民起义，他们自称"皇帝""黑帝""太上皇帝"……当时民间就流传着这样一首民谣：

发如韭，

剪复生。

头如鸡，

割复鸣。

吏不必可畏，

小民从来不可轻。

曹操就出生在这样一个时代，但他是幸运的，他没有生活在水深火热之中。155 年 7 月 18 日，曹操出生于一个显赫的官宦家庭。祖父曹腾，幼年入宫，因谨慎、忠厚、温顺，邓太后让他陪太子刘保（顺帝）读书。后因在迎立顺帝即位的事件中立了大功，而被封费亭侯，升为大长秋，成为东汉末年屈指可数的大宦官。父亲曹嵩，是曹腾的养子。

曹操是曹嵩的长子，从小就很机灵，善于随机应变，而且胆子特别大，不太理会封建礼教那一套清规戒律。

10 岁的时候，曹操到谯水洗澡，一条鳄鱼突然向他冲了过来，曹操不但没有躲避，反而与鳄鱼在水中展开激战。在曹操的奋力搏击下，向来以凶狠著称、令人毛骨悚然的鳄鱼，竟灰溜溜地败下阵来，慌慌张张地逃走了。

曹操一天到晚东游西逛，喜欢游猎、歌舞，有时玩玩飞鹰猎犬，耍耍枪棒，尤其精通骑术和剑法，经常玩到很晚才回家。不仅如此，他还常常凭着一身武艺到处乱闯，因此口碑一直不太好。

他甚至还触犯过刑律，被县官追究，准备以重罪判处。最后是夏侯渊出面替曹操承担了罪责。事后，曹操又设法将伙伴夏侯渊营救了出来，双双逃脱了惩罚。

寝殿侍奉长官常侍张让，是当时皇帝宠信的宦官，他专权用事，极为跋扈，大小百官都怕他，民愤极大。曹操的父亲曹嵩在京城洛阳做官时，曹操也跟着去了洛阳。有一次，张让正在床上闭目养神，曹操竟然闯进了他的卧室，张让发现有生人闯进来，大叫："有刺客！"刹那间，卫士们蜂拥而至。可曹操一点儿也不慌张，他拿着一支手戟，从卧室打到厅堂，从厅堂杀到院中，卫士们没有一个敢近前，只好眼睁睁地看着他翻墙而去。

且不说曹操的这种行为是不是表达了他对张让的憎恶，但他的这种放荡不羁，引起了许多风言风语。

曹操的叔父对曹操的这些事情一清二楚，担心他将来不成才，就向曹嵩告了一状，让他对曹操严加管教。曹嵩听后，便把曹操叫来，严厉地训斥了一顿。从此曹嵩加强了对曹操的约束和管教。

其实，他叔父告状的目的，也是希望自己的侄儿能够行为端正，遵纪守法，有些恨铁不成钢的意味，是为了曹操的前途考虑。可是这样一来，曹操就不再像从前那样自由了，因而他对叔父很是反感，一心一意想要报复。

一天，曹操像往常一样在街上游逛，又遇到了叔父。他突然计上心来，心想："老东西，看我怎么收拾你！"于是"哎哟"一声大叫，顺势扑倒在地。

他叔父哪里知道有诈，以为侄儿出了意外，慌忙上前去看。只见曹操张大嘴巴，歪着脖子，脸上肌肉不停地抽搐，直翻白眼。叔父大吃一惊！

"你，你怎么啦？"叔父急忙问。

曹操痛苦地哼哼着。

叔父见情况不好，急忙跑去告诉曹嵩，说："快！你儿子中风了！"

曹嵩闻讯匆匆赶去。

曹操躺在地上，老远看到父亲从街角跑来，一个鲤鱼打挺站起来。

曹嵩一看，曹操好端端地站在那里，脖子也不歪，眼也不翻白，神态和往常一样，好像什么事也没有发生，觉得很奇怪。

"你不是中风了吗？怎么什么事也没有？"

"谁说我中风了？咒我啊！"

"你叔父跟我说你中风了。"

"我哪里中风？他的话你也信？"曹操委屈地说，"叔父一向讨厌我，老在背后说我的坏话，现在又说我中风，这不是存心咒骂我吗？"

"啊，原来是这样……"

曹操一计得逞！

从此，曹嵩对兄弟诉说儿子的话，不再句句信以为真，曹操也就更加放任自流，无所顾忌，他甚至还伙同袁绍，一起干过"抽刃劫新妇"的勾当。

那次，他们一起观看新婚典礼，曹操偷偷藏到主人的花园中。夜里大喊："有小偷！"房里的人都出来看，曹操则乘机钻进新房，拔刀劫持新娘，并和袁绍一块儿逃走……

做贼未免心虚，曹操和袁绍只顾逃跑，没想到迷失了方向，竟陷进了荆棘丛，袁绍被荆棘绊住无法动弹，眼看就要被追赶的人发现，曹操急中生智，又大喊一声："小偷在这里！"袁绍由于害怕，情急之中一下就从荆棘里蹿了出来，于是两个人都逃离了险境。

总的说来，从曹操少年时代的种种行为，倒也可以管窥一斑。那时的曹操，就已经显示出诡谲奸诈的性格，同时也显示出了果断不怕死的精神。但也正是由于这些事情，曹操要想进入政治领域，就有了一些困难。

因为汉代用人，主要来自公府的征辟和地方的察举。用不用你，主要依据地方上的舆论评议作为鉴定，这种舆论和评议也叫做"清议"。想要步入仕途，只有经过舆论的鉴定，并得到称誉，才有可能成为征辟察举的对象。而清议的标准，大体上以名教为皈依。也就是说，一个人必须熟读经史子集，研习礼乐，修养品行，随时注意自己的言谈风度，这样才有可能得到清议的好评。另外，家世背景也是一个重要影响因素。

曹操出自宦官之家，深受士人鄙视，年少时又不学无术，生来不喜欢礼教的条条框框，清议要求的那些修养和言谈风度，对他来说，无异于一种高难度的技巧，对他的仕途发展形成一定障碍。

所幸的是，在经学日渐衰微的汉末，才能显示出了越来越多的价值，士人的那一套修为渐渐退到次要地位。曹操的品行虽然没有太多值得称道的地方，但才能却非常突出！

由于曹操年轻时四处游荡，行为不羁，不经营家庭产业，也不谋求入仕升官。因此，不但多数人认为他不过是一个顽皮又没有多大出息的孩子，就连他自己也认为"本非岩穴知名之士"。

二、举为孝廉

随着年龄的增长，交游的扩大，特别是从父亲那里，耳闻目睹了许多官场争斗，曹操渐渐涉足社会，感到时代的动荡，经常发出"忧世不治"的感慨。他不再终日沉溺于飞鹰跑狗的生活，开始博览群书，勤奋学习。

在做官以前以及几次辞官回家闲居期间，曹操已经广泛阅读了各种书籍，知识已经相当渊博了。他特别爱好军事著作，诸家兵法，广泛地搜集、整理了东汉以前各家的兵法书，把重要的内容摘录下来，编成了一部《兵法接要》。曹操认为春秋时期孙武的兵法书最有价值，也最深奥。由于前人没有给它作过注解，读者往往不能领会其中的要旨。他便刻苦钻研，着手为我国古代最著名的军事著作《孙子》作注。他从原来的八十二篇中取其精华部分，缩编成十三篇，分篇进行注解，并写了序言，编成后题名为《孙子略解》。他的《孙子注》一直流传到今天。

对于经史典籍，他也无不涉猎，年轻时在家乡就以"能明古学"著称。后来曹操"御军三十年，手不舍书，昼则讲武策，夜则思经传"，都是由于他在青少年时期养成的勤奋读书的习惯，曹操这一博览群书，刻苦钻研，坚持不懈的良好习惯，为他以后成为叱咤风云的杰出人物和杰出的文学家提供了非常基本而重要的知识条件。

由于曹操年轻时行侠仗义，行为放荡，不受世俗约束，不经营家产事业，不务升官之道的"正业"，所以在他早期的朋友中，多数人看不出他跟普通人有什么不同。只有桥玄（后官至太尉）和南阳名士何颙认为曹操将来会是个很有作为的人。桥玄位至三公，以有政治远见和善识人才闻名四方。有一次他告诉曹操："天下就要大乱，非扭转乾坤之才，不能拯救。能平息大乱的，恐怕是你。"并请曹操在他死后，照顾他的家人。何颙看到曹操后，叹息说："天下势将覆亡，使天下恢复秩序的，定是此人！"桥玄还建议曹操："你还默默无闻，应该去结交许劭。"

许劭是许训的侄儿。许训曾任司空、太尉。许劭善于待人接物，能鉴别好坏善恶，跟堂兄许靖两人知名度极高，喜欢共同评估当世人物，每月作一次总结，排列出高下顺序，汝南人称之为"月旦评"。凡是得到他们好评的，无名之辈很快就被人器重；已有了名气的，也会声誉猛增。

人们简直把他们的话当作定论。许劭当过功曹，官兵们敬重他及"月旦评"，一旦听了他的话，无不奋发改过。

曹操听了桥玄的话，就带着厚礼，长途跋涉，上门去拜见许劭。见到许劭，谈不多时，曹操便恳切地问道："许先生，您看我是怎样一个人？"许劭看不起他，便闭口不答。经曹操再三追问，许劭才说："君清平之奸贼，乱世之英雄。"曹操听了，大喜过望，告辞而归。这个评价被后人改为"治世之能臣，乱世之奸雄"。

汝南有个叫王俊的名士，也很赏识曹操。有一次，汝南大豪族袁绍兄弟替他们的母亲办丧事，仪式极为隆重，有3万人送葬。曹操和王俊也在场。曹操看到这么奢侈阔气的场面，十分愤慨。他私下跟王俊说："国家快要大乱了，为首作乱的必定是这两兄弟。要安定天下，替百姓解除疾苦，不先杀掉这两个祸首，会后患无穷。"王俊说："你说得很对，能安定天下，除了你还有谁？"说完，两人心领神会地大笑起来。

得到这些名士的褒扬，曹操的自信心愈加坚定，抱负愈加远大，同时也因为这些社会名士的宣扬，尤其是许劭的评语流传出去，曹操在社会上逐渐有了名声。

果然，曹操20岁那年，就被家乡一些有地位的人推举为"孝廉"（汉代选拔官吏的科目之一）。不久，他就被朝廷任命为洛阳北都尉。于是，曹操便踏上了仕途，开始了他的政治生涯。

尉的官职不高，是县令的副手，主管军事，负责查禁盗贼，维护辖区的社会治安。曹操既然出任洛阳北部尉，就要负责洛阳北部地区的治安工作。但洛阳是京城，常常四方会集，五方杂处，社会治安很乱。又因为是在天子脚下，权贵不少，经常有权贵的子弟、亲丁仗势欺人，为所欲为，一般人和职位比较低的官吏都不敢招惹他们。一些豪强子弟和地痞流氓又常在夜里走街串巷，敲诈勒索，无恶不作，把洛阳城搞得乌烟瘴气。

曹操担任洛阳北部尉后，年轻气锐，很想有所作为，为百姓除害，干出一番事业，树立自己的名声；加上家中又有后台，便放手干起来。

新官上任三把火，曹操到任的第一天，就命令工匠把年久失修的都尉衙门粉饰一新，又下令连夜赶造五色棒，涂上青、赤、黄、白、黑五种颜色，在衙门左右悬挂。同时张贴告示，申明禁令：禁止夜行。如有违反治安条例，不管是平民百姓还是豪强权贵，一律用五色棒打死。

夜禁令一出，街头巷尾议论纷纷。有的说，这下夜里可以睡个安稳觉了；也有的说，这只不过是新官上任，做给人看的。至于那班作恶多端的豪门贵戚，根本不理会什么夜禁不夜禁，小小都尉在他们眼里根本就不算是个官，夜里他们照样明目张胆地在街上胡作非为。曹操手下的衙役也不敢得罪豪强，遇到豪强子弟为非作歹，也是见惯不怪，大事化小，小事化了，瞒着曹操不敢禀告。因此禁令颁布了好几天，治安仍不见好转。

宦官蹇硕是"十常侍"之一，皇帝十分宠信，统领禁军，权倾朝野。因而，蹇硕的叔父常常依势为所欲为，京城里谁也不敢得罪他。曹操下令夜禁，他当然也不把曹操放在眼里，故意违禁夜行。

一天，曹操决定亲自夜巡。他带着几名巡官和兵丁绕过白马寺，来到豪门贵族居住最集中的街上。正好遇到了宦官蹇硕的叔父违禁夜行。

曹操正要找一个可以杀鸡儆猴的机会，杀杀权贵们的威风，他心想："今日放过这种人，日后怎能做到令出必行？"

决心一下，曹操斩钉截铁地下令："带走！"

第二天清晨，北部都尉衙门前人头攒动。当人们得知蹇硕的叔父被抓了起来，一片哗然，都想看看这位年轻的都尉如何处置这位老爷。兵丁把蹇硕的叔父押到衙门前，曹操站在台阶上，指着门旁悬挂的五色棒喝道："你看清楚，这是什么？"

老头虽然被抓，料定这个芝麻小官不敢把他怎么样，又见曹操如此年轻，欺他不懂人情厉害，不由得冷笑一声："这是小孩子耍的玩意儿。"

曹操向四周扫视了一眼，毫不客气地吩咐左右："开打！"话音刚落，几根五色棒向着蹇硕的叔父劈头盖脸地打去。不一会儿，他就像条死狗似的瘫在地上，一动也不动。

五色棒结果了蹇硕叔父的性命。小小的洛阳北都尉棒杀了皇帝身边大红人的叔父，这消息一传十、十传百，很快传遍了全城。

这时的曹操虽然只是一个小官，但他能依据法度行事，敢于以下犯上，不畏权势，体现了他的无畏与有为，因而树立起自己的威望，最终使得洛阳北管区的治安面貌焕然一新，豪强子弟不再敢扰乱治安。曹操在洛阳北都尉任上所表现出来的才干、勇气和秉公执法、不避权贵、雷厉风行的精神作风，不仅在当时掀起了一股冲击波，而且对他后来所走的人生道路也产生了深远的影响。

曹操对这一段不平凡的生活一直不能忘怀，后来，在他当了魏王后，还特地把推荐他做北都尉的司马防请到邺城来，设宴款待，开玩笑说："我现在还可以再去做尉吗？"

司马防回答得很巧妙："过去我推举大王时，大王正适合做尉。"

曹操听了，哈哈大笑。

曹操为维护洛阳北部的社会治安做了一件好事，却招来了灵帝身边那帮近侍的忌恨。宠臣们对曹操恨之入骨，把他视作眼中钉，一心想治治曹操，但曹操的父亲也曾是中常侍之一，不是等闲之辈，因为曹操在宫中也有靠山，一时抓不到他什么把柄，再说，曹操杀蹇硕的叔父是有令在先，并非鲁莽行事。

因此，这些宠臣只得采取以退为进的策略，把掉下的牙往肚里吞，使了一招明褒暗降，调虎离山之计：他们在灵帝面前夸奖曹操很有才能，治理洛阳北部有功，在宦官子弟中，是十分难得的人才，然后一致称赞并保荐他。熹平六年（177），蹇硕等人又请人把曹操调到远离洛阳的顿丘（今河南省清丰县西南）去当县令，将曹操调离了洛阳。

曹操任顿丘令的时间不长，但也有不俗的表现。这一点，从曹操南征孙权，派他的儿子曹植留守邺城时说的一番话就可以看出：建安十九年（214）七月，59岁的曹操勉励曹植说："吾昔为顿丘令，年二十三，思此时所行，无悔于今。"可见曹操对自己在顿丘令任上的表现，是非常满意并引以为自豪的。

汉灵帝建宁元年（168），灵帝刚当皇帝的时候，大将军窦武是当时外戚集团的首领。他曾与太傅陈蕃共同谋诛宦官，结果反为宦官先行下手所杀。到181年，事情过去了十多年，曹操因为能明古学，第二次被征召，拜为议郎，回到洛阳。

议郎在郎官中地位较高，但不担任实际政务，专门给皇帝提供意见，论列是非。当时朝政混乱，奸邪充塞，皇帝为宦官、贵戚所愚弄，不知下情。身为宦官后代的曹操当上议郎后，充分发挥了自己的才干，上书灵帝，为窦武、陈蕃申诉，言辞过激。他认为，窦武等人很正直，却被陷害。奸佞充塞朝廷，忠贤进身的道路被阻塞，朝政需要改革。这样一来，自然引起相关阶层的敌视，迫使这些建议最终也没有被汉灵帝所采纳。

这时的曹操年仅26岁，但已经显示出无所畏惧的勇气和突出的政治才华。

三、拜骑都尉

光和五年（182），汉灵帝刘宏下诏，令公卿举奏刺史、郡守贪财害民者，但因宦官相护，最后不了了之。此后朝廷政教日乱，豪猾益炽，多所诌害。曹操知道世道不可拯救，于是就不再向皇上献言了。

光和六年（183），夏天，全国大旱。巨鹿（今河北省平乡县）人张角，信奉"黄帝""老子"，用法术咒语，教授门徒，创"太平教"，信徒达数十万人。他在全国设立 36 个军区（三十六方），大军区一万余人，小军区六七千人，分别任命高级官员，宣称："苍天已死，黄天当立，岁在甲子（184），天下大吉。"第二年，因弟子告密，张角提前起义，命令各方戴黄巾为标志，36 个军区，同时起义。兵锋所及，焚烧官府，劫掠城镇村落，不到一月时间，天下响应，京师震动。

三月，惊慌失措的朝廷大赦党人，命北中郎将卢植、左中郎将皇甫嵩、右中郎将朱隽带兵去镇压。曹操也被任命为骑都尉，带五千骑兵协助皇甫嵩、朱隽两军在颍川（河南省少禹县）镇压黄巾军。

开始双方互有胜负，后来皇甫嵩、朱隽率军在长社（今河南省长葛市），与张角的弟弟张梁、张宝带领的黄巾军对峙。黄巾军用草结成帐篷，正好刮起大风，皇甫嵩命令军士每人束草一把，暗地埋伏，于二更以后，一起纵火，直扑黄巾阵地，大呼大喊，放火烧营。皇甫嵩与朱隽各引兵攻入黄巾阵地。黄巾军大营里，火焰冲天，黄巾士兵大惊溃乱，马不及鞍，兵不及甲，四散奔逃。曹操又引兵杀到，于是合军再次攻击黄巾军，大杀一阵，杀死数万人。事后，朝廷封皇甫嵩"都乡侯"，曹操也升迁为济南国相。

济南是王国。东汉时，王能臣民而不能治民，治民由汉中央政府委派国相来担任，国相实际与太守差不多。济南是侯王的封国，位于东海之滨，原是西汉初年城阳景王刘章的封地。曹操上任之后，虽然经过了近十年的官场生活，对朝廷的腐败混浊，已深有了解，但仍力求把自己所管辖的地区治理好，做出点政绩，以扩大自己在社会上的影响。

　　济南共有十多个县，县官们贪赃枉法，为非作歹，他们不仅在地方上跟豪强大地主互相勾结，狼狈为奸，而且在中央政府也有后台，所以曹操前任的几位国相，均不敢碰他们一下。曹操到任后，决心剪除一下这股腐朽势力，公正地选拔官吏。他经过一番调查研究，核实材料，一一加以检举揭发，一连果断地罢免了行为特别恶劣的八名县级官吏。这一行动，使济南大小豪强大为震惊，吓得许多恶霸纷纷到外郡去躲避，整个济南国比过去太平了很多。

　　当时济南地方迷信盛行，光是祠庙就有六百多所，每年祭祀问卜，香火不绝，鼓乐喧天，远近相闻，耗费大量人力财力。而一些地主豪绅、富商大贾乘机敲诈勒索，搜刮钱财，不知坑害了多少穷苦百姓。曹操素来不信天命，自言："性不信天命之事"，反对迷信；同时，农民起义的风暴也给他很大的触动，他意识到：要防止农民起义，维护政权，必须改革弊端。他到了济南国后，看到处处祠庙林立，迷信活动猖獗，老百姓怨声载道，深感要安定民心，必须要禁绝祭祀。于是，他下令：立即拆毁一切祠庙，禁止一切祭祀活动。结果不到一个月，济南国境内的六百多所大小祠庙，全部夷为平地。擅自搞祭祀活动的人，也都受到了惩罚。

　　曹操的这些打击豪强、除残去秽的行动，不仅遭到地方豪强的忌恨，也受到中央政府里操纵着实权的宦官集团的反对，但他不愿改变自己的主张，迎合权贵。但在跟豪强势力多次冲突后，终于感到势单力薄，又恐怕为整个家族带来灾祸，济南国相三年任期刚满，他便要求调回中央，重又做起了议郎闲官。中平四年（187），朝廷又任命曹操做东郡（今河南省濮阳县一带）太守，他托病不愿去就职，回到家乡谯县，在谯县东50里的地方盖一所书房，谢绝宾客来往，夏秋读书，冬春射猎，自我娱乐，打算隐居20年，获得一个"隐士"的美名，等天下太平了再出来做官。

曹操初入仕途，小试才能的历程以及自己的思想轨迹，在他56岁时，也就是他做魏公前两年，从发布的《让县自明本志令》中可以看见。此令的前两节这样写道：

"孤始举孝廉，年少，自以本非岩穴知名之士，恐为海内人之所见凡愚，欲为一郡守，好作政教以建立名誉，使世士明知之；故在济南，始除残去秽，平心选举，违迕诸常侍，以为强豪所忿，恐致家祸，故以病还。

"去官之后，年纪尚少，顾视同岁中，年有五十，未名为老，内自图之，从此却去二十年，待天下清，乃与岁中始举者等身，故以四时归乡里，于谯东五十里筑精舍，欲秋夏读书，冬春射猎，求底下之地，欲以泥水自蔽，绝宾客往来之望，然不能得如意。"

俗话说："树欲静而风不止。"在这剧烈动荡的社会里，像曹操这样的人是根本坐不下来的。再说时势的变化，也不允许他悠然地做一名隐士，正如他所自言："然不能得如意。"

这一年，在谯东一条叫泥水（大杨河）的小河旁边的小屋里，他的妻子卞氏生下了嫡长子曹丕。十月，他父亲大司农曹嵩买官做了太尉，然而次年四月即被免去。曹操这时在政界已有相当声望。

中平五年（188），他虽屏居乡里，当冀州刺史王芬等图谋趁灵帝北巡时，以兵力威胁，诛宦官，立合肥侯为帝，前来征求他的意见时，他分析了当时的形势和条件，予以反对，他说："更换君王，是天下最大的灾难。古时候的人有权衡成败，计算利害而这样做的，那就是伊尹、霍光了。伊尹、霍光，满腔忠诚，身为宰相，手握大权，又出于人民一致愿望才能顺利达到目的，而今，各位只看到他们当初轻而易举，而忘记了我们当今的重重困难，竟想用非常的举动，希望一击而中，岂不危险！"不久，果然王芬等终因事泄而身死。

当时，西部凉州（今甘肃武威）地区的豪强将领韩遂、马腾起兵叛乱，直接威胁到洛阳。汉灵帝为了加强防卫，于八月在洛阳西园建立了一支中央禁卫军，任命宦官蹇硕为上军校尉，袁绍为中军校尉，曹操为典军校尉。曹操接到任命，带着家眷来到洛阳，此时他34岁了，最大的愿望是能当上征西将军，如果死了，能在墓碑上写着"汉故征西将军曹侯之墓"，也就心满意足了。

然而，他这愿望未及实现，京城洛阳就爆发了一场大动乱。曹操也被深深地卷入其中，从此以后，他便正式踏进了风云变幻的军政舞台的中心，欲罢不能了。

四、讨伐董卓

中平六年（189）四月，汉灵帝刘宏在南宫嘉德殿病逝。去世后第三天，皇子刘辩登极，时年 14 岁，是为汉少帝。尊母亲何皇后为皇太后。何太后临朝主政，赦天下，改年号光熹。封皇弟刘协"渤海王"，时刘协才 9 岁。擢升后将军袁隗（袁绍的小叔叔）为太傅，跟何皇后的哥哥大将军何进，共同主管宫廷机要。

汉灵帝病危时，曾将宫内大事及刘协托付给宦官上军校尉蹇硕。蹇硕与何进两人素来不和。蹇硕本来打算先诛杀何进，再拥立刘协登基，因事泄露，不成。何进既掌握大权，又痛恨蹇硕的阴谋，秘密准备报复，想把宦官一网打尽，全部诛杀。蹇硕也想到何进不肯罢休，大为恐慌，就联系几个宦官谋诛何进。结果这几个宦官反而向何进告密，蹇硕反被何进逮捕处死。

七月，少帝刘辩改封皇弟渤海王刘协当陈留王。中军校尉袁绍再次向何进建议诛杀全部宦官，何进晋见何太后陈述，何太后不同意，何进一时也拿不定主张，袁绍见何进没有胆量行动，就又建议何进征召四方著名的军事将领及英雄豪杰，使他们率军向京师进发，同时威胁何太后。何进以为是好主意，予以同意，可主簿陈琳反对，认为这样做是"掩住眼睛捉麻雀"，自欺欺人，而典军校尉曹操听到消息后，冷笑着说："宦官这种东西，古今都有，问题只在于君王不可太宠信他们，更不可赋给他们大权。既然惩治罪犯，也只能限于诛杀元凶，交给一个军法官就够了，何必劳师动众，纷纷征召地方部队以致威胁朝廷？要全部消灭宦官，消息一定走漏，我将能亲眼看到杀宦官者的失败！"

何进听了，愤怒顿生，对曹操狠言道："孟德亦怀私意耶？"

曹操于是退下，说："乱天下者，必定是进。"

大将军何进于是就命董卓率军进逼京师。董卓的军团是汉、羌、胡各族的混合武装集团，军纪十分不好，官兵野蛮，掠夺成性。董卓本人生性残暴，狡诈无情，贪得无厌。朝中大臣纷纷劝说何进不要让董卓进京，何进不听，董卓大军进逼京城的消息传入宫中，引起宦官们的恐慌，以张让、段煨为首的宦官决定先下手为强。八月二十五日，何进前往长乐宫晋见皇太后以后，张让等骗他重新入宫，就在嘉德殿击斩何进，随即紧闭宫门。袁绍、袁术得到消息，率军杀入内宫，斩杀宦官两千余人。张让、段煨等困守寝殿，束手无策，无奈只好裹胁皇帝刘辩和皇弟刘协步行逃出谷门（今洛阳正北门），向北方亡命。董卓大军挺进显阳苑（洛阳西郊），遥遥望见洛阳大火冲天，知道发生政变，即强行军急进，在北芒阪（今邙山北侧）下，跟皇帝刘辩一行人相遇，董卓于是拥帝回京。

董卓进京之后，依仗武力，废少帝刘辩，立陈留王刘协为皇帝，是为汉献帝，并自封为丞相，独揽朝中大权。董卓的凉州军一到洛阳，便纵兵劫掠，任意屠杀百姓，欺掠妇女，军纪荡然无存。但董卓初到洛阳时，步骑兵不过三千人，兵力单薄。当时曹操仍在洛阳，掌握着一部分兵权。董卓为了扩大自己的势力，竭力拉拢曹操，任命他为骁骑校尉。但曹操看到董卓这样的骄横跋扈，野蛮残忍，十分痛恨，根本不愿和他合作，并且料定他一定会失败，于是就想逃走。此时袁绍已逃离京城，投奔冀州（今河北省中部），袁术也因恐惧董卓，弃职投奔南阳（今河南省南阳市）。曹操为了免遭毒手，便在一天夜里，改装换名，带着几个亲兵，沿小路也逃出了洛阳。

第二天早晨，董卓听说曹操逃走，又气又急，立即派兵追捕，同时发出通缉令，布告附近各州县。

又过了一天，城里风传曹操已经遇难。从家乡跟随曹操进京的人都想散伙。曹操夫人卞氏十分伤心，她劝阻众人："曹公凶吉未定，有朝一日，如活着回来，我们有何面目见他？如果真的大祸临头，大家一块去死，有什么可怕！"众人听了，觉得有理，便趁董卓兵士不备，护着卞氏离开洛阳，回到了故乡谯县。

曹操并未遇难，他逃出洛阳后，被中牟县令陈宫捉住。陈宫钦佩他的忠义，弃了官职与他同逃。逃到成皋（今河南省荥阳汜水镇），来到了他父亲好友吕伯奢家，打算在吕家过夜。碰巧吕家还有宾客，曹操就想辞别。但吕伯奢和他的五个儿子坚持要曹操留宿，并把曹操的马牵走，把他随身携带的行李也藏了起来。曹操是从京城逃出来的，一直提心吊胆，生怕遭人暗算。吕家父子越是热情，他越是怀疑，心想，他们为什么缠住我不放？莫非他们已经知道我是逃犯，要稳住我报官缉拿领赏？

曹操正在胡思乱想，忽听后院传来"沙沙沙"的磨刀声，还有人小声说话，曹操屏住呼吸，凝神细听，终于听到了一句话："别叫它跑了，还是捆起来杀了吧！"

曹操一听大怒，立即拔出剑来，冲出房门，见人就杀，从前庭杀到后院，见吕家的大儿子正手中拿着刀，曹操不由分说，上前就是一剑。就这样，曹操一气杀了八人。等到天亮，才发现后院捆着一头猪，吕家大儿子手里拿的是一把杀猪刀。自己的马匹行李也都还在。这时，曹操才知道杀错了人，心里忏悔不及，但嘴上却不认输："宁叫我负天下人，休叫天下人负我。"陈宫看出曹操心狠手辣，趁夜离开了他。

后来，曹操携天子以令诸侯，定都于许昌。想到当年误杀吕家八人一事，便下令将吕伯奢所居住的村庄改名为吕家村。后又因村的西南角有一大水潭，所以又叫吕家潭（今称吕潭）。

从成皋出来，还要经过中牟（今河南省中牟县东）。那时中牟还是属于董卓的势力范围。当曹操过境时，境内的一个亭长发现曹操形迹可疑，就把他扣留起来，送到中牟县衙门。那时县衙里已收到了董卓通缉曹操的命令。但是县令没想到亭长送来的嫌疑犯就是曹操。只有中牟县的功曹心里知道亭长押来的正是曹操，但是这个功曹以为现在天下已乱，不应再迫害天下英雄豪杰，就向县令说："以世方乱，不宜拘天下雄隽。"为曹操说了个情，县令想想也对，便把曹操给放了。曹操侥幸逃离中牟，一路快马加鞭，向家乡谯县赶去，于这年十二月到达离谯县不远的陈留郡（今河南省陈留县一带）。

陈留距离洛阳有五百里地，在东汉全盛时期陈留郡有 17 万户，86

万人口，在当时是数得上的大郡。陈留郡太守张邈，原来和曹操、袁绍都是好友。陈留郡隶属兖州，当时的兖州刺史刘岱，又是士大夫集团中反对董卓比较积极的人物。因此，在曹操抵达陈留之后，他就允许曹操在陈留郡己吾县（今河南省宁陵县西南）一带招募军队，以待进讨董卓。

曹家本来就有一部分财产在兖州境内，曹操就把家产拿出来作为招募和训练军队的费用。陈留有个名叫卫兹的"孝廉"，早就对曹操很钦佩，家里也很有些财产。曹操恐怕家产不多，费用有缺，便在家摆下筵席，拜请卫兹来家商谈。

曹操与卫兹寒暄过后，便对他说："现在朝廷中皇上弱小，董卓专权，欺君害民，为天下人所不齿，我想力扶社稷，无奈力量不够。公是忠义之士，我冒昧请你帮助！"卫兹应道："我早有这个心愿，只恨一直没有遇到英雄，现在您既然有此志，愿以家产来助你一臂之力。"曹操一听大喜，于是就先发诏告，驰报附近郡县，然后招募兵士，竖起招兵白旗，上面写有"忠义"二字。没过几天，应募的人纷纷而来，竟至3000人之多，日后曹操帐下的大将乐进、李典、夏侯惇、夏侯渊兄弟等均于此时投奔曹操。曹操的堂弟曹洪、曹仁也带两千人从谯县和江淮来到陈留。曹操有了这五千人马，便正式打出了讨伐董卓的旗号。

这时袁绍已到河北，董卓还想笼络他，派他做渤海（今河北省南皮县东北）太守。但袁绍在河北说动了冀州牧韩馥，并联络关东（今函谷关以东）州郡，于190年正月共同声讨董卓。响应的州郡共有十七处之多，各路人马，多少不等。因为袁绍是北方最大的豪强，声望最高，大家便推他做盟主。袁绍自称车骑将军，其他将领，都由他用朝廷名义，授予官职，曹操被授予奋武将军。

盟会上，众将领都慷慨激昂地发誓，决心同盟除暴，兴复汉室。盟会毕，杀牲祭祀，欢宴三日。袁绍遂安排各路人马，袁绍跟河内（今河南省武陟县）郡长王匡驻军河内；冀州州长韩馥留守邺城（今河北省临漳县）负责后勤粮食供应；豫州（今河南省）刺史孔伷驻军颖州；兖州刺史刘岱、陈留郡长张邈、张邈弟广陵（今江苏省扬州市）郡长张超、东郡（今河南省濮阳县）郡长桥瑁、山阳（今山东省金乡县）郡长袁遗、济北国（今山东省济南市长清区）宰相鲍信全部屯扎在酸枣（今河内南省延津县）；后将军袁术则驻军鲁阳（今河南省鲁山县）；曹操一军虽有五千人左右，可是因为没有地盘，在给养诸方面，不得不受陈留郡长张邈的接济，在指挥上，也不得不受他的节制，因此也驻扎在酸枣。一时天下英雄豪杰，都心归袁绍。只有鲍信坚信曹操才是拨乱反正、统领天下群雄的人。

关东联军建立的消息传到京城，董卓惊恐万状，他一面调集重兵加强防守，一面不顾朝中大臣反对，准备迁都长安（今陕西省西安市）。董卓把洛阳城里所有富豪，集中到一起，扣上个罪名，全部处死，然后没收他们的财产，再把洛阳全城百姓，共数百万之多，驱逐前往长安。

洛阳距长安七百里，要穿过崤山、华山，道路险恶。董卓命步骑兵在后逼迫，人们互相推挤践踏，饥饿时更互相掠夺，沿途堆满尸体。董卓自己留守洛阳，纵火焚烧皇宫、政府官舍、民宅。豪华盖世的首都洛阳，成为一片焦土，周围三百里以内，房屋全毁，鸡犬不留。三月五日，汉献帝刘协抵达长安。这时董卓还没有到，政府大事小事，都由司徒王允主持。王允暂时屈意侍奉董卓，董卓十分信任王允。董卓因袁绍起兵，便杀了他的叔叔太傅袁隗、太仆袁基及其他袁家老小，连怀抱中的婴儿都不放过，一共五十余口。

董卓坐镇洛阳，堵击关东军，当时关东军人数虽多，但各路军阀的首领多数是热衷于割据称雄的大豪强，相互之间的联络薄弱，又都惧怕董卓的凉州军团强悍，都想保存自己的实力，各怀异心，谁也不愿带头出击。

曹操见皇帝西行，认为机不可失，要求联军立即出兵，他说："我们发动义兵，诛杀暴徒，大军已经集合，还有什么迟疑？假如董卓利用皇帝权威，困守首都洛阳，向东征讨，虽然暴虐无道，对我们也足以造成大的伤害。而今，焚烧皇宫，劫持天子，四海之内，无不震动，不知道下一步要做什么，上天灭亡董卓的时候已到，大家一战就可以平定天下。"

曹操说了半天，可无人响应。"你们不出兵，我出兵。"曹操自言自语地说着，离开了聚会厅。当夜，他便召集夏侯惇、夏侯渊、曹洪、曹仁等商议，决定单独出兵。

第二天清晨，曹操带领人马，离开酸枣，向西挺进。张邈闻讯，很是同情，但又不愿一起出兵，便命卫兹带领一千人协助曹操，而鲍信带了他自己招募的五千人随同曹操西进。

曹军抵达荥阳（今河南省荥阳市）汴水，受到董卓部将徐荣的阻击。两军初次交锋，从早上一直打到傍晚。曹军由于兵少，又是未加严格训练过的新兵，并且得不到援助，被打得大败，士兵伤亡很大。等到天色昏暗，曹操早已人困马乏，正想冲出重围，忽听背后"嗖"的一声，他忙将身子一闪，却已躲避不及，肩上中了一箭。

曹操带箭逃命，翻过一个山坡，不想徐荣的两个军士正伏在草中，见曹操马来，双枪齐刺，曹操坐骑中枪而倒，曹操翻身落马。正在危急时刻，只见一员大将飞马赶来，挥刀砍死那两个军士，下马救起曹操。曹操一看，原来是曹洪。

"大哥，快上我的马！"曹洪急忙说道。

"兄弟，你没有马怎么行？"

"不要紧，天下可以没有我，不能少了大哥！"

两人正在推让，后面又传来阵阵喊杀声。曹洪不由分说，把曹操推上马背，自己脱去铠甲，拖着刀跟着马后拼命奔跑。走不多远，迎面又遇到一群士兵，眼看后无退路，两个人横刀以待，准备决一死战。不想士兵都大喊"曹公"，曹操近前一看，原来都是卫兹的部士，当时卫兹已经战死，他们也在盲目地乱闯。曹操、曹洪便带领他们逃回酸枣。

曹操回到酸枣，看到那些联军首领天天欢宴饮酒聚会喧闹，根本没有作战的打算，感到非常气愤。他对张邈等人说："各位如果能采纳我的计划，大事必成。请袁绍率河内部队，进逼孟津，酸枣的军队据守成皋（今河南省荥阳市），控制敖山——粮草所在地封锁辕山岭，（今河南省偃师县南）、太谷口，掌握外围险要，然后请袁术率南阳部队，攻击井水、析县（今河南省内乡县北），直入武关（今陕西省商县内），威胁三辅。各军兴筑高大坚固的城堡，严密防守，不跟凉州军团作正面冲突，而只派出游击部队，展示反抗力量的优越形势，静待董卓内部变化。我们名正言顺地讨伐暴逆，可以立即决定胜负。而今，联军用正义号召天下，却迟迟疑疑，不肯前进，使天下失望，我为大家感到羞耻。"

张邈等不能接受这项布置。曹操遂对这些联军将领感到绝望。他知道自己的军队损伤太多，必须整补。于是就和曹洪、夏侯惇等前往扬州（今安徽省及江西省）徐州等地招募新兵。在扬州刺史陈温、丹阳（今安徽省宣城）郡长周昕的支持下，招得四千多人。不料到龙亢（今安徽省怀远县西北）集合时，新兵发生叛乱，火烧曹操的营帐。曹操亲手杀死了几十人，从大火中冲杀出来。但新兵已大半逃散，决心跟随曹操的只有五百多人。后来在铚县（今安徽省宿州西南）、建平（今河南省夏邑西南）两地又重新招募到一千多士兵，加上曹洪的家兵和汴水之战剩下的士兵，共三千余人。曹操带着这支部队再度北上，这次他不再到酸枣和兖州军一起集合了。索性渡过黄河，赶到河内，直接去受盟主袁绍的指挥了。

不久，酸枣粮草告尽，各军拔营星散，同时内讧又起。兖州刺史刘岱和东郡郡长桥瑁，互相仇视，终于刘岱火并了桥瑁，派王肱去东郡当郡长。曹操率军驻扎在袁绍处，受到袁绍的款待，但过了很久，袁绍也同样一句不提出兵的事。曹操坚持要求他出兵，他却反问："假如讨伐董卓不成功，哪里可以立足容身呢？”

“你到底有什么打算呢？”曹操反问。

“我准备另立一个……”袁绍以为曹操明白了他的意思，便详细谈了自己准备另立幽州牧皇族刘虞做皇帝的计划，并且要曹操支持他。

“我不赞成！”曹操直截了当地说道：“我们兴起义兵，天下莫不响应，这全靠一个‘义’字。皇上幼弱，受到奸臣控制，但并不像西汉第九任皇帝刘贺那样，有什么罪行。一旦改变了皇帝，天下谁能接受？各位如果北向刘虞称臣，我自独向西讨伐董卓。”

袁绍得不到曹操的支持，就向其堂弟袁术求助。谁知袁术自己想当皇帝，怕立刘虞对自己不利，因此竭力反对，而刘虞本人又坚决拒绝袁绍、韩馥要拥他当皇帝的要求，袁绍等只好作罢。

事后，冀州州长韩馥眼看天下英雄豪杰都归附袁绍，妒火中烧，便暗中减少粮草供应，打算使袁绍的部队因饥饿而离散。正好，韩馥部将鞠义叛变，韩馥讨伐，反被击败。袁绍就跟鞠义结合，之后又联络幽州降虏校尉公孙瓒南下进攻冀州，乘机胁迫韩馥让出冀州，自任冀州牧，割据河北，逐渐在黄河中下游形成一股强大力量。

从190年到191年，国内形势逐渐发生变化。原来在讨伐董卓名义下暂时联合起来的关东豪强，这时已完全转入混战状态。各路将领你争我夺，自相残杀，展开了旷日持久的大混战，加上之前的董卓迁都之乱，造成了百姓的大量死亡和生产的极大破坏。曹操在他写的《蒿里行》一诗中，以悲痛心情，真实、形象地反映了这个历史事实。

关东有义士，兴兵讨群凶。初期会盟津，乃心在咸阳。军合力不齐，踌躇而雁行。势利使人争，嗣还自相戕。淮南弟称号，刻玺于北方。铠甲生虮虱，万姓以死亡。白骨露于野，千里无鸡鸣。生民百遗一，念之断人肠。

这首五言诗，总共八十个字，却概括了此间纷乱多变的历史事实，犹如一幅历史画卷。语言简洁，气魄宏大，感情真挚，因此，后人称它为"诗史"和"东汉实录"。

蒿里，本地名，在泰山南，据古代迷信的说法，人死灵魂归于蒿里。后被作为乐府曲调名，和在此之前曹操作的另一首直接反映汉末重大历史事件的五言诗《薤露》同属送葬的挽歌，也都属于乐府诗。乐府诗反映现实，一般说来眼界比较狭小，对于重大的政治事件，则很少涉及。作为一个杰出的政治家、军事家而又心怀雄图的曹操，将其才华投注到文学上时，其眼界、气象要广阔得多。挽歌曲子，到了他手里，则成了短的叙事诗。再看他作的叙述何进邀董卓至董卓迁都的诗《薤露》：

惟汉廿二世，所任诚不良。沐猴而冠带，知小而谋强。犹豫不敢断，因狩执君王。白虹为贯日，己亦先受殃。贼臣持国柄，杀主灭宇京。荡覆帝基业，宗庙以燔丧。播越西迁移，号泣而且行，瞻彼洛城郭，微子为哀伤。

同样是把史事直接当作诗材，这在乐府诗中是前所未有的。诗中也同样多有愤激之语，同为曹操早期诗作之代表。

由于关东州郡起兵讨伐董卓，接着在荥阳一带，内战的持续进行与扩大，大大加重了人民的负担，山东、河北地区本来就已发展到百万之众的青州黄巾军和河北黑山军，更以燎原之势发展起来。

191年的秋天，以于毒、白绕、眭固为首的黑山农民军，开始以疾风之势，向冀州的心脏邺城推进，并有渡越黄河进攻兖州的动向。而这时青州的黄巾军一百多万人，因受袁绍所委派的青州刺史臧洪压力，也正分两路向河北移动，有与河北的黑山军会师的倾向。如果河北的黑山军渡黄河而南，或者青州的黄巾军渡黄河而北，两支都是近百万的大军一旦会师，黄河中下游的统治势力就会发生急剧的变化。于是不管充满多少内部矛盾，各地的州郡豪强都必须集中力量来粉碎农民军会合的意图。

袁绍一方面要用堵击或截断的方法来破坏农民军两路会师的计划，一方面又想利用这一时机，把自己的势力扩展到兖州，使青、兖、冀三州联结起来，这样就使黄河中下游全部受他的控制。要完成这一战略意图，不得不借助曹操。于是袁绍以东郡郡长王肱不能抵抗黑山农民军为借口，派曹操引兵进入东郡，围剿黑山军。而曹操此时带着部队在河内寄居，没有固定地盘。济北国宰相鲍信更告诉曹操："袁绍虽然是盟主，却利用职权，图谋私利，会使天下更乱，将成为第二个董卓。如果压制他，我们又没有这种能力，徒然树敌。看情况黄河以北不宜久留，可到黄河以南，观察变化。"曹操十分佩服他的分析，于是便率军进入东郡，在东郡郡政府所在地濮阳与黑山军迎战，大破黑山军白绕部队。袁绍便以盟主的资格，上表任曹操为东郡郡长。曹操以东武阳（今山东省莘县南）为郡城，终于有了自己的第一块地盘。

五、收编黄巾

初平三年（192）春季，曹操屯军顿丘（今河北省清丰县）。黑山军首领于毒乘机进攻东武阳。曹操闻知，并不回军援助东武阳，而是率军直指黑山军的基地西山。出发前，将领们一致要求先救东武阳，曹操此时显示出他作为一代军事家的魄力，他说："于毒听说我攻击他的基地，一定会回军迎战，东武阳的包围自然解除。如果他不回军，我们攻除他的基地，于毒就更不能动摇东武阳。"于毒得到情报，果然立即舍弃东武阳，向回撤退，途中遭到曹操的阻击而致大败。曹操更进抵内黄（今河南省内黄县），再大破黑山军睢固部众以及南匈奴汗国流亡单于栾提于扶罗一部，于是东郡得以确保。

这年夏天，青州的黄巾军再渡黄河北上，在东光附近受到另一割据势力公孙瓒主力的堵击损失了十余万战士，转而浩浩荡荡地向兖州推进。兖州刺史刘岱准备迎战，济北国宰相鲍信劝阻说：

"黄巾军有百万人之多，人民震恐，官兵已无斗志，不可以去硬撞。然而，他们行军一向不带粮草，完全依靠抢夺劫掠。不如保存实力，固守城池，黄巾军求战不能战，攻城又没有武器，最后一定星散。然后我们出动精锐，在关卡险要地方攻击，可以大获全胜。"

可惜刘岱竟听不进这位天才谋略家的建议，亲自率军出战，结果大败而逃，途中被黄巾军生擒，枭首示众。

曹操的属下东郡人陈宫对曹操说："一州无主，天子的诏令断绝，我想去说服州政府高级官员，由您出任州长，用来当作资格，再向外发展，夺取天下，这是霸王大业。"曹操自然允认。陈宫遂去游说，向州别驾、治中等建议："而今天下四分五裂，如果迎接曹操来接替，定可造福百姓。"此话正中鲍信下怀，于是就跟州治中万潜等前往东郡，迎接曹操来担任兖州牧。

兖州东接青州、徐州，西连豫州，北通幽州，南下江淮，是四方要冲之地。曹操有了兖州以后，便和鲍信组成联军，全力镇压青州黄巾军。

黄巾军骁勇强悍，人数众多，而曹操的兖州部队，人数既少，力量又小。曹操急起补救，加强训练，严格赏罚，不断施用奇兵诡计，昼夜进攻，每次都有斩获。一次曹操带领步骑数千人巡视战场，结果误入了青州黄巾军的营地，被青州黄巾军打得大败，损失数百人，接着在寿张（山东省平县西南）与青州军交战，又被打得大败，鲍信也死于乱军之中。曹操听说鲍信阵亡，痛哭失声。他高价悬赏，一定要找回鲍信的尸体，但找了一天，仍旧没有找到。只得叫工匠用木头雕刻成鲍信人像，穿上衣服去安葬，曹操亲自祭奠，放声大哭。

又经过半年苦战，曹操才扭转失败局面。这时，青州黄巾军由于伤亡很重，又遇到了饥荒，战斗力大大减弱。曹操乘机送去了劝降书，并开出各项优待条件。这年冬天，在曹操的软硬夹攻之下，青州军终于全部投降。曹操开始改编青州军，挑选其中身强力壮的，编入自己的部队，称为"青州兵"，人数号称三十万，还有数万老百姓，也跟随黄巾军一起留下。从此曹操不仅有了兖州根据地，又掌握了一支庞大的军队。他从血腥镇压黄巾起义中扩大了自己的政治、军事实力，为他后来统一北方，成为"治世之能臣"，打下了牢固的基础。

这一年，曹操的嫡三子曹植出生。

在此前一年，日后曹操的重要谋士荀彧离开袁绍投奔曹操。荀彧，字文若，颍川颍阳（今河南省许昌市）人。他跟随曹操之后，在曹操几十年的征战中，为曹操出谋划策，使曹操屡次转危为安，转败为胜，取得一次次胜利。曹操在建安八年（203）列举荀彧前后建立的功劳，向皇帝上了《请爵荀彧表》，表封荀彧为万岁亭侯。

表文大意是：

我听说定策的功劳最大，出谋的奖赏最重。野战的功绩不能超过在朝廷上的策划，多次胜不能超过建国的功劳，所以周武王把曲阜封给周公，不低于把营丘封给姜尚，汉高祖赏给萧何的土地，超过了平阳侯曹参。珍贵的计策是古今都尊崇的。侍中守尚书令荀彧，积蓄德行，从少到长都没什么过错。碰到乱世，怀抱忠诚，想念太平。我从开始兴起义兵，四处奔走征战，与彧同心合力，帮助朝廷谋划，提出建议，施行起来没有不成功的。由于荀彧的功业，我才获得成功，因此扫除了浮云，使太阳和月亮更显光明。皇上到了许昌，荀彧在身边机要处所，忠诚敬顺，像踩在薄冰上那样小心，在处理众多政务上，研究得极其精当深刻。天下得到平定，是荀彧的功劳，他理当享受很高的爵位，用来表彰他的最大的功勋。

纵观曹操一生，他得到的谋士的帮助的确很多。这与他求贤若渴，能虚心接纳别人建议，并且能打破门阀旧习，不拘一格求用人才的胸襟是分不开的。在荀彧来后，他不但信从荀彧，还接纳了荀彧推荐的郭嘉、荀攸等谋士，使自己身边有了许多治世献策的文臣。

董卓之乱后到192年下半年，军阀割据的局面已基本形成。袁绍据有冀州，袁术占据南阳，陶谦在徐州，公孙瓒在幽州，刘表占有荆州，孙坚进据江东。这些都是当时势力较大的军阀。还有许多的小割据势力，都在拼命地抢夺地盘。

第二章　建立基地

一、初战徐州

初平四年（193）春天，曹操刚把袁术击退，同年的秋天，就发动了对徐州的攻势。

曹操进攻徐州的理由很充分：为父报仇。曹操的父亲曹嵩当时正在谯县居住，因谯县一带是兵战之地，不安全，于是他从谯县逃难到琅邪（今山东省临沂市北）。曹操占了兖州后，因琅邪属于徐州，而当时徐州牧陶谦又是幽州公孙瓒的同盟，曹操的父亲住在那里不妥当，于是写信去请父亲到兖州来居住。

曹嵩临走时，把他平生所搜刮来的民脂民膏、金银财货，分装成一百多辆车，浩浩荡荡地赶往他儿子的住所。他们刚走到兖州属郡的泰山县内华县、费县境内，就遭到陶谦的部将张等袭击。张等把曹嵩全家，连曹操的弟弟曹德在内全部杀死，劫取了这一百多车财物。

曹操闻讯大悲而怒，虽然后来得知此事与陶谦无关，仍派谋士荀彧、程昱留守兖州，自己亲率大军，杀奔徐州而来。其实，即使没有出现曹嵩被杀一事，曹操迟早还是要攻打徐州的。

曹操攻入徐州境内，接连攻下了十多个城池，进抵彭城（今江苏省徐州市）和陶谦会战。陶谦战败，逃回郯县（今山东省郯城县）——徐州州政府所在地固守。曹操围攻郯县，不能夺取，只好撤退，一连攻陷虑县（今河南省淮阳县西南）、睢陵（今河南省周口市淮阳区）、夏丘（今安徽省泗县）等五城。当时关中和洛阳附近的百姓，大多逃亡到徐州，没想曹操兵到之处，大肆屠戮，单就泗水一役，就杀死陶谦士兵和徐州百姓数万人，是曹操杀人最多的一次。杀得几城鸡犬都不留，城市村落，看不到一个活人。

至于曹操为何要如此大肆屠杀，叫人难以理解。处于创业阶段的曹操当时应该多占城池，多安抚百姓扩大地盘，收买人心，巩固发展自己的力量。可曹操却因为父亲被杀，为了一点个人亲情而大量杀害无辜百姓，从此也可以看出曹操作为一代枭雄，也是一个军阀，身上也流淌着作为军阀特点的残暴血腥。以后曹操在建安七年（202）回故乡谯县时，见到这一带残破不堪，触发良心，在一道命令中说道："吾起义兵，为天下除暴乱，旧土人民，死丧略尽，国中终日行，不见所识，使吾凄怆伤怀。"言辞也算恳切。可造成这种"死丧略尽"的悲惨景象的不也有他一份吗？奸雄的内心毕竟有着多重的，甚至矛盾的品性，其性格的丰富，日后会暴露、表现得更多。

曹操对徐州进行大屠杀，陶谦急了，生怕坚持下去郯城难保，便向他的同盟公孙瓒求救。公孙瓒便派他的部下青州刺史田楷发兵救援，田楷也有些胆怯，就去联系刘备。

涿郡（今河北省涿州市）人刘备，是西汉中山靖王刘胜的后裔。幼年丧父，家境贫苦，跟母亲靠着贩卖草鞋糊口。据传他身高七尺五寸，双臂下垂时，能超过膝盖，耳朵很大，连自己都可以看见。他从小就有大志，不多说话，喜怒不形于色。刘备曾经跟公孙瓒同时作名士卢植的学生，有同窗之谊，遂投靠公孙瓒。公孙瓒命他追随田楷，夺取青州建有功劳，被任命为平原国（今山东省平原县）宰相。

刘备自幼跟河东（今山西省夏县）人关羽、涿郡人张飞，感情至厚，当了平原国相后，就任命关羽、张飞担任别部司马，分别统领部队。刘备跟这二人同榻而眠，情同手足，但在大庭广众之下，二人则在刘备身旁侍卫，整天站立；追随刘备跟外人应付周旋，不避艰难危险。常山（今河北省元氏县）人赵云，早先率领本郡部队，投奔公孙瓒，公孙瓒问："听说冀州人士都倾心袁绍，你怎么单独闯出迷途？"赵云说："天下沸腾，不知道谁是真正英雄，人民痛苦，犹如倒悬。本州人士，只盼望能行仁政，并不是轻视袁绍，而趋附将军。"刘备听其言，对他至为惊奇敬佩，遂用心结交。赵云遂追随刘备到平原国，指挥骑兵。

田楷来联络刘备时，刘备正帮孔融打黄巾军。田楷找到刘备，刘备便率军来救陶谦。刘备这时已集结几千人，陶谦再拨给他丹阳部队四千人，合起来共一万人。刘备就离开田楷，归附陶谦。陶谦向朝廷推荐并任命刘备当豫州刺史，驻屯小沛（今江苏省沛县）。对刘备而言，这是一个很大的转变契机，刘备对豫州虽不能行使职权，但政治地位却提高了一大截。

正好此时，曹操的军粮用完了，于是撤回。

二、王允计除董卓

194年，曹操再次攻打徐州，一直打到琅邪、东海各县。陶谦经受两次沉重打击，力量大大削弱。曹操正欲进军郯城，彻底消灭陶谦，不料后院起火，兖州境内发生政变，陈留太守张邈联络驻屯郡的曹操部将陈宫，迎吕布出任兖州牧，共拒曹操，这样，就迫使曹操及其军队不得不迅疾地从徐州撤退了。

话说董卓任了太师一职，地位尊崇无比，根本不把群臣放在眼里。他的服饰衣着，也渐渐出现了皇帝专用的金紫色，坐车也常僭用皇帝的礼仪。而且董卓无心天天去上朝，大臣们有事，直接去太师府去向他请示。这样一来，太师府便俨然如同朝廷了。司徒王允、司隶校尉黄琬、仆射士孙瑞、尚书杨瓒于是密谋诛杀董卓。在这个密谋中，最让他们感到棘手的，并非董卓本人，而是董卓的贴身护卫中郎将吕布。

吕布乃凉州五原人，擅长骑射，武艺超群，勇力过人。加上他一表人才，对军士颇具魅力。当年董卓与执金吾丁原在洛阳针锋相对时，决定胜负的关键便因属于丁原军团的吕布临阵倒戈，才使董卓顺利地击杀丁原，并合并了丁原的部队，取得京城的控制权。吕布在关键时刻的反叛行为，势必和董卓交换了相当不错的条件，董卓更因此对吕布信任有加。

迁都长安后，董卓变得日益残暴。但董卓也有些自知之明，知道被他残害的汉室公卿一定会找机会报复。为了防备有人行刺，董卓要吕布随侍左右。两人关系密切，情同父子。

这时董卓万万想不到，主谋讨伐他的竟然会是他最器重的朝官司徒王允。

王允的行政能力极强，宫廷政变前后，他曾任司徒，但后来被免职。董卓准备迁都长安时，由于工程艰难，便派人对洛阳政府颇熟悉的王允再为司徒，主持迁都大计。王允也曲意奉承董卓，样样照办，表现得非常杰出，因而深得董卓信任。

董卓的性情变得日益焦虑，紧张而凶暴，早年豪放爽直的个性完全不存在了。他经常动怒，而且无法控制自己的情绪。有一次，为了一件小事和吕布发生争吵，由于吕布也表现得很强悍，董卓居然拿起手戟，掷向吕布。幸而吕布身手敏捷，及时闪避开了。事后，董卓虽以赏金安抚吕布，而吕布也公开表示歉意，但是两人间的隔阂已经形成。

加以吕布日夜守卫府邸，慢慢和董卓的一位漂亮侍女私通。那侍女恋着他，他也眷恋那侍女，常常相会在花前月下。但是，那侍女和吕布都生怕董卓发现，脾气难测的董卓若是知道此事，怎么得了，因此吕布心中随时提防着，对董卓的一种敌意也就渐渐升腾起来。

王允和吕布的私交相当好，二人已到了无话不说的知心程度，因此吕布有一次就向王允说出了他心中那股恨意。王允听后双眉紧锁，叹道：

"董太师近日个性越发凶暴，并如夏日天气，变化无常，不知又将发生什么事情。现在，他该杀的杀了，该除的除了，凡他不顺眼的事，他断然不会放过。因此，你目前的状态，是十分危险的啊！"

吕布求教道："司徒指点，我该如何办才好？"

王允沉吟良久，最后迟疑道："不过我说出来你不要怪我……"

吕布说："你我亲如兄弟，情同手足，早已无话不谈了，还有什么顾忌我的？"

王允环顾左右，之后才说："恕我直言吧，除非你从此断了和那侍女的关系，否则必将被董卓加罪。其实，就是断了那关系也不保险，因为那侍女是活口，怎知天长日久之后不露出点蛛丝马迹？而你又万万不会去杀了那侍女，何况杀了那侍女又如何向董卓交代，董卓怎有不查实之理。这就叫左也难，右也难，其实千难万难，根子还是在董卓身上。只要没有了董卓，什么事都迎刃而解，并且你和那侍女一对有情人也就终成为眷属！"

吕布道："你的意思是将他除了？"

王允说："当然这是唯一的办法。除此之外，还有什么更好的法子吗？"

吕布将捏紧的拳头往桌案上一击，愤言道："董卓逼人太甚，也就休怪我无情了。我一定将这老贼杀掉！"

王允赶紧阻止他，说："此事关系重大，须细议，切不可冒昧行事。我们来商量一个妥当的办法吧。"

至此，王允才和盘端出了他和司隶校尉黄琬、仆射士孙瑞、尚书杨瓒等人密谋的计划，要吕布参与，作为内应。吕布当然全部赞成，便约定时间，按计而行。

再说生活在焦虑中的董卓，最多十天半月地在长安待一阵，更多的时候则是在郿坞，在全副武器的兵甲层层保护下，谁也拿他没有办法。王允等人在根本无机可乘的情况下，决定采取引蛇出洞的办法对付董卓。王允知道董卓早有篡位之心，乃秘密地和汉献帝商议，要汉献帝假装生病躺在床上，然后，使人传播出去，说汉献帝身体大大欠佳，已无心料理朝政，有意提前退休，拟在未央宫接见全体文武官员，宣布重要旨令。其实后宫早已有董卓的心腹向董卓证实汉献帝确实病倒了，有意退让，于是，董卓对此深信不疑，喜不自禁起来。

初平三年（192）四月的一天，天气晴朗而炎热，董卓截获汉献帝旨令，判断汉献帝已准备让位给自己，便特别盛装乘车入朝。从郿坞到皇宫，戒备森严，有如皇帝队伍，步骑兵左右防卫，吕布率队在前前后后不停巡逻，警备上几乎无懈可击，任何人都不可能有机会可乘。

其实，在董卓队伍出发前，王允早命令仆射士孙瑞亲自写妥皇帝诏书交给吕布，吕布便命令骑都尉李肃，率领敢死队秦谊、陈卫等穿上警卫服装，藏身宫门内，准备突击谋刺的行动。

董卓扬扬得意地乘车入宫门，心里毫无这方面的戒备。李肃待其近拢，立刻奔出，以长戟刺之。不料董卓早有在官服内着甲的习惯，故而戟未刺入，只伤及手臂处。

董卓大惊，摔到车下，大声叫喊："吕布何在？"

吕布奔上前来，大声喊道："奉皇帝诏书，诛杀逆贼！"

董卓万没料到吕布会如此，无比恼怒，大骂道："我待你如子，竟然造反，如此忤逆，必遭凶报……"

然而，话未说完，吕布的铁矛已经刺入了董卓咽喉。

敢死队一拥而上，斩下了董卓的首级。

董卓被杀的消息传开，宫廷内外，一片欢呼。长安城内，如同过节，街头巷尾张灯结彩，欢歌阵阵。另外，吕布等乘胜追击，将董卓弟董旻及董氏亲属和亲信等，一概诛杀。

王允更下令追剿董卓余党，司隶区的各军团间立刻呈现非常紧张的状态。

吕布军团倒戈及董卓政权被推翻，使司隶军区及长安城内的文武百官及军士，甚至从洛阳被强迫迁来的百姓，和长安原住居民都欢声雷动。董卓肥胖的身子被暴露在街上示众，守尸体的士兵，更将董卓肚脐剖开，插入棉灯芯，以其肚子脂肪为油点灯，竭尽侮辱之能事。

汉献帝去了董卓的胁迫和压制，也大大地扬眉吐气了。他立即论功行赏，任命王允为录尚书事，任命吕布为奋威将军，封为温侯。仆射士孙瑞说他并无什么功劳，把所有封赏都辞去了。王允和吕布共同管理朝政，一文一武辅佐汉献帝。他们追查董卓一党的人，有的处死，有的充军。

左中郎将蔡邕毕竟曾受过董卓的解救之恩，并且董卓一直对他很好，出于这样一种感激之情，去董卓暴尸之处祭悼了董卓。王允知道了这事，大骂蔡邕："董卓乃逆贼，再不处死，汉室将亡。今将其处死，是大快人心之事，你身为朝廷大臣，且又是国内名士，应当深明大义才对。却反而逆反民意，往悼其贼，难道你真是董卓的死党吗？"

蔡邕当然深明大义，对王允说："我虽不才，但也知大理，董卓专横，扰乱朝政，罪在当诛。我只是念在私人交情，情感上过不去，故而往悼。如果认为我因此有罪，我不推诿，只求宽罚，饶我一回。"

王允却将蔡邕交给廷尉处理。太尉马日磾知道蔡邕这一去必然凶多吉少，便向王允替蔡邕说情，他说："蔡邕切不可死啊，他很有学问，又正在写汉朝历史。"

王允摇头道："前汉武帝不杀司马迁，让他著书，他却借题发挥，毁谤朝廷。现今皇上年轻，若让蔡邕这样的心存异志者继续耍笔，恐怕我们都要被他骂了……"

马日磾只得叹气，蔡邕便在监狱里被逼死了。

三、许都迎天子

董卓已死，他的残部李傕、郭汜等又联合起来，攻破长安城，杀死王允，劫持汉献帝。吕布战败，率数百骑自长安出武关（今陕西省商县东），奔南阳投袁术，为袁术所不容，后归袁绍，又为袁绍所忌，乃投奔于张扬于河内。经过陈留时和张邈拉拢得很好，两人曾"临别把手共誓"。此次陈宫欲迎吕布出任兖州牧，张邈自然同意。

张邈原是曹操的好友。曹操在陈留起兵时，实际上是张邈的部下，现在曹操出任兖州牧，张邈反而屈居曹操之下，心中自然不服，加上张邈和袁绍不和，他恐怕袁绍和曹操联合起来对自己下手，于是就乘曹操大军攻击陶谦，后方空虚之时，想下手夺取兖州。

张邈、陈宫背曹迎布的消息给荀彧知悉之后，荀彧连忙把驻屯濮阳的东郡郡长夏侯惇调回鄄城（今山东省鄄城县），并于当夜，诛杀城内和张邈、陈宫通谋的几十人，把兖州的政治中心鄄城稳定了下来；同时又派程昱出使范县、东阿（今山东省阳谷县），鼓励当地官民，护城坚守，等待曹操回来。程昱又派出机动部队，断绝仓亭津（今范县的黄河渡口），使陈宫的军队不能渡河。吕布攻击鄄城，不能攻克，于是向西撤退，驻屯濮阳。

曹操把军队从徐州开回来，一过泰山，听到吕布退屯濮阳，就非常高兴。曹操的手下将领官兵却有些担心，因为此时兖州境内只剩鄄城、范县、东阿三处仍为曹操据守，其余郡县全部响应吕布。曹操对手下说："吕布突然之间，得到一州，不据守东平，切断亢父、泰山要道，背靠险要，向我施展压力，却回到濮阳，说明他不可能有大的作为。"于是立即准备反攻濮阳。八月，曹操围攻濮阳，濮阳大姓田氏在城内响应，曹操亲率战士进入城东门，结果，巷战不利，曹操大败。吕布军的一位骑兵已经抓住了曹操，却不认识，问他："曹操在哪里？"曹操说："那边骑着黄马逃走的就是曹操。"那个骑兵听了，连忙丢了曹操，去追那个骑黄马的人了。曹操趁这机会，就冒着熊熊大火，从东门逃出，大火烧伤了他的左手掌。

曹操回到营里以后，恐怕因他受伤，使军队士气沮丧，忍着疼痛亲自率军，鼓励士气，并下令军士从速准备好进攻用的"攻具"。曹操跟吕布僵持了一百多天，蝗灾大起，人民饥馑，吕布的粮草用尽，双方遂各自撤退。九月，曹操回鄄城，吕军也退屯山阳（今山东省金乡县）。

十月，曹操前往东阳。冀州州长袁绍派人劝说曹操，建议他把眷属送到邺城（今河北省临漳县）。曹操刚刚失掉兖州，粮草将要吃尽，有意接受。在此人生失意之时，曹操的谋士起了关键性的作用。程昱对曹操说："我一向认为，将军面对重大变化时，无畏不惧，想不到竟不是如此，为什么考虑这么不周密？袁绍素有吞并群雄，统一全国的野心，可惜他的智慧不够。将军自问，能不能长久当他的部下？将军的威力，如同龙虎，岂可步韩信、彭越的后尘？而今，兖州虽然残破，但我们仍有三个城作为基地，武装劲旅，不下一万人，以将军的武功和谋略，加上荀彧，加上我，大家合力，可以成就霸业，请您再三思量。"曹操同意他的分析，就拒绝了袁绍的建议。

此后，曹操经过一年多的时间，才把兖州的郡县陆续收复。到了195的夏天，在巨野（今山东省巨野县南）和吕布会战，终于打败了吕布，使吕布不得不向徐州逃走。此时徐州牧陶谦已死，刘备继任。张邈看到吕布战败，只好也向徐州撤退，后听说曹操要杀他家小，就想跑到扬州袁术那儿去请救兵，半路上却被部下杀了。这样，兖州的地方势力，基本上就被曹操肃清了，到这时，曹操才总算把兖州的统治权掌握在自己的手里。

汉献帝自从被董卓劫到长安以后，不久，司徒王允利用吕布杀董卓，董卓部将李傕、郭汜等驻军又攻破长安，杀王允，赶走吕布，献帝又落到他们的手中。后来，李傕、郭汜又自相火并，献帝又落到李傕手中，以后李傕部将杨奉、董承叛离李傕，拥献帝退往陕县（今河南省陕县），在陕县渡黄河退到大阳（今山西省平陆县东北）。到达大阳，跟得上汉献帝撤退的公卿大臣，只有几十人了，朝廷的秩序更是荡然无存。最后终因粮食困难，又不得不渡河回到洛阳。这时的洛阳，皇宫、民宅几乎焚烧一空。文武官员只好拔除荆棘乱草，靠着断墙破壁居住。各州郡首领，虽都手握重兵，却没有人肯来进贡送粮。官员们饥饿难忍，凡是官职在尚书令以下的，都要亲自到郊外采摘野菜。有的就在断垣破壁间饿死，有的被士兵格杀。

刘协从登基即位的那一天起，就是有皇帝之名而无皇帝之实。但他毕竟是国家最高权力的象征，谁掌握了他，谁就能以皇帝的名义向其他地方割据政权发号施令。这个道理虽然简单，真正明白的人却不多，袁绍就不懂。

建安元年（196），谋臣沮授曾劝说袁绍，如果能西迎皇帝，挟住天子，就会收到意想不到的功效。袁绍偏偏不听，觉得献帝就没什么用，把他弄来还得养着，怪麻烦的。可见袁绍根本不是个政治家，虽然空有雄兵猛将百万，却不懂军事，不过是政治的工具，最后难免失败。

而曹操却是早有此识。初平二年（191），曹操做东郡太守不久，皇室刘邈在献帝面前称赞曹操忠诚，曹操为此十分感激。初平三年（192），治中从事毛玠向他建议"奉天子以令不臣"，他觉得是说到了点子上。

献帝东迁后，曹操觉得机会来了，当时宫中食用困乏，曹操便经常向献帝进献食品和器物。献帝还在洛阳时，曹操就曾向他进献过帐篷二顶，丝线十斤，山阳郡所产的甜梨二箱，稗枣二箱。献帝迁都后，曹操更是经常进献，其中有桓帝时赐给他祖父曹腾的家藏器物，也有属下陆续搜寻到的一些宫中流失的器物。

迎接汉献帝来许昌，是曹操的另一个杰作。他最初提起此议时，只有荀彧赞同，并极力说明迎献帝的迫切性和对今后斗争的有利性，说这是一件"大顺""大略""大德"的事。但最初的迎接由于董承等人的阻拦并未如愿。后来董承为抵抗韩暹的势力暗召曹操到洛阳。部下董昭又提醒他只有把献帝迎到他的地盘许昌，方可成就大业，万事无虞。这样，曹操借口京都无粮，要送献帝到鲁阳就食，把献帝安全转抵许昌。建安元年（196），汉献帝迁都于许昌。

曹操对献帝的物质保障和适度尊重，果然得到了他所期待的巨大回报。献帝授给曹操节钺，录尚书事，任司隶校尉，迁都许昌后，又任命他为大将军。曹操实际获取了高出于所有文臣武将的地位。

汉献帝刘协在许都虽然衣食无忧，却也无所事事。特别是虽然贵为天子，曹操也还算尊重自己，但他却时时感觉到一种无形的压力，这种压力来自于曹操不断地诛除公卿大臣，不断地集军政大权于一身。

建安元年（196）八月，曹操进驻洛阳，立刻趁张杨、杨奉兵众在外，赶跑了韩暹，接着做了三件事：杀侍中台崇、尚书冯硕等，谓"讨有罪"；封董承、伏完等，谓"赏有功"；追赐射声校尉沮俊，谓"矜死节"。然后在第九天趁他人尚未来得及反应的情况下，把皇帝挟持到了许都，使皇帝摆脱其他势力的控制。此后，他还加紧步伐剪除异己，提高自己的权势。他首先向最有影响力的三公发难，罢免太尉杨彪、司空张喜；其次诛杀议郎赵彦；再次是发兵征讨杨奉，解除近兵之忧；最后是一方面以天子名义谴责袁绍，打击其气焰，另一方面将大将军让与袁绍，稳定大敌。

四、"三姓家奴"吕布

再说吕布失了兖州，逃往徐州，去投奔刘备。刘备这时候已经继陶谦后作了徐州牧。

吕布到了徐州的下邳（江苏省邳州市之东），刘备待他很好，把小沛指定给他屯驻。小沛是今日的沛县。

这吕布却恩将仇报，暗中接受袁术的收买，乘刘备在淮河边的盱眙、淮阴与袁术对垒之时，由小沛袭取下邳。

守下邳的是张飞。张飞与下邳国国相曹豹处得不好，并把曹豹杀了，城中的秩序大乱，有人开了城门，引吕布的兵进来。

吕布不仅占了下邳，而且掳了刘备的夫人与儿子。

刘备听到根据地下邳出了问题，从前方回军，与吕布打了一仗，打不赢；转向广陵郡（扬州）发展，又吃了袁术另一次亏，只得撤军到海西县（今江苏省东海县南）。

刘备在海西县活不下去，粮食没有。他老着面皮，倒过来向吕布投降。吕布却也慷慨，派车子，派马，迎刘备回下邳，把小沛指定给刘备与他的部队驻扎。

刘备原已从陶谦的手中接了"徐州牧"，现在，建安元年（196）六月，他把徐州牧让给吕布去做。吕布礼尚往来，也请刘备担任所谓豫州刺史，至于，豫州究竟能有几郡几县，服不服刘备管？那就难考了。

建安元年（196）九月，曹操把汉献帝从洛阳迎到许县，挟天子以令诸侯。吕布派人去向曹操讨好，希望曹操用献帝的名义追认他为徐州牧，曹操不肯。

建安二年（197）春天，袁术在寿春（今安徽省寿县）自称皇帝，吕布表示拥护，而且把女儿交给袁术的钦差韩胤，带去寿县嫁给袁术的儿子。

韩胤和吕小姐走到中途，被吕布追回。吕布是一个反复无常的人。吕布把女儿留了下来，把韩胤押解去许县。曹操杀掉韩胤，任命吕布为"左将军"。

袁术恨透了吕布，派七路人马来攻下邳。吕布却也能干，略施小计，便大胜张勋，生擒桥蕤。这小计，是分化敌人，说服韩暹与杨奉，叫他们对袁术倒戈，答应将战利品全部送给他们。

次年，建安三年（198），这位举棋不定的吕布，却又和袁术言归于好，替袁术解决刘备。

刘备禁不起吕布的大将高顺一击，便丢掉了小沛。

曹操曾经于高顺来攻之时，派了夏侯惇来救，救不了。曹操自己率领大兵，来到下邳。

吕布想降，陈宫不赞成。陈宫建议：吕布在城外打，他在城内守，互相呼应。吕布的妻子不肯，说陈宫不是一个可以托妻寄子的人。于是吕布也留在城内死守。

守了三个月，城破。城破的原因，是一位部下侯成因喝酒而被吕布大骂，遂因怀恨而捆了陈宫与高顺，并打开城门，向曹操投降。

曹操的大队人马与刘备的小部队都涌进了下邳城。吕布与妻子及少数亲信一退再退，退到了一个城门楼子之上。这楼的名称是"白门楼"。

吕布在走下城楼束手就缚以后，向曹操说："从此以后，天下太平了。"

曹操说："这话从何说起？"

吕布说："明公所顾虑的，只有我吕布一人。以后，您自己统率步兵，派我统率骑兵，平定天下，不成问题。"

吕布转过脸来，向刘备说："你现在是座上客，我作了阶下囚，绳子捆得我太紧，你不能替我说一句求情的话吗？"

曹操听到，笑出声来，说："捆老虎，怎能不紧一些？"说罢，就吩咐左右，叫把捆吕布的绳子放松一些。

刘备这时候新仇旧恨涌上心头，向曹操说："绳子不可放松。明公，你忘记了，他杀了他的长官丁原，又杀了他的义父董卓吗？"刘备提醒曹操，对于吕布这样一个背主弃义，出尔反尔的人，不可留在身边。吕布立刻对刘备破口大骂："你这个大耳贼，最不可信！"曹操觉得有道理。

于是，"三姓家奴"吕布就这么死了。

第三章　治世能臣

一、实行屯田

从董卓之乱到曹操迁都到许的这段时间里，由于战乱不断，人民流亡，土地荒芜，农业生产遭到极大的破坏，加上水、旱、虫灾，到处都发生严重的饥荒，不仅老百姓活不下去，就连各军阀都普遍缺乏军粮。袁绍在河北，军队没有粮食，只靠采桑椹充饥；袁术在江淮，没有军粮，只好让士兵拾蛤蜊糊口。曹操和吕布交战时，没有粮食，命程昱筹粮。程昱在自己县里搜刮到三天的军粮，干肉里还杂有人肉。后来，终于因粮食接济不上，不得不下令撤退。面对这种严酷的现实，曹操深深体会到要战胜强敌，完成统一大业，必须首先解决粮食问题。

"怎样才能寻到军粮呢？"曹操自迁都后，一直在念叨这个问题。他召集部下商议，部下提出了各种建议，但又都被否定了。如有人主张派军队到兖州运粮，但是兖州那里不是同样在闹饥荒？有人建议派精兵到各处去征粮，可是各地都差不多，老百姓也没有什么粮可以征交。看来只有模仿袁绍、袁术靠挖野菜、拾河蚌度日了。但是几十万军队，怎么能靠吃这些东西来打仗呢？

"听说枣祗来许都了，不妨听听他的意见。"典农中郎将任峻向曹操建议。

"真的，他来许都了？！"提起枣祗，曹操立即兴奋起来。枣祗是曹操陈留起兵时的一个部将。曹操在兖州时，枣祗任东阿太守。有一次曹操出征吕布，眼看粮尽了，正巧枣祗从东阿运来了一大批军粮，才打败了吕布。"是啊！"曹操若有所思地说："枣祗是个有心人，他一到东阿，就奖励老百姓耕作，并随时积蓄军粮。"

曹操遂召见枣祗。"我们正在商议军粮，总是盼你来哩！"一见枣祗，曹操连忙说。

"我也是为此事而来。听说许都现在粮食很紧张，全靠粮道运输，万一粮道被断……"

"是啊，这绝非长远之计，何况其他地方也不一定能寻到粮食。"

"我建议就地解决！"

"就地解决？"

"对，现在许都附近，大量土地荒芜，只要有人耕种，不愁没有粮食。至于耕种的人，也好解决，许都周围有上万军队，那些收编的黄巾军士兵，他们都是青州一带农民，种田是他们本行。"

"你的意思，是叫士兵屯田？"曹操急切地问道。

"正是这样。"枣祗也越说越起劲，"还有，附近许多逃荒的百姓，如果不管他们，他们会去依附其他世家豪族，变成他们的'部曲''佃客'，使他们的人口增多，势力加强，而我们的势力就会减弱。再说，这些流亡的人民，也愿意垦荒，只不过不少人没有牲口。如果我们把牲口租给他们，收获后，他们分四成，我们提六成，大家就都有了粮食。要是有谁自己有牲口，那么收成就对半分，他们也会愿意的。"

"好极了！"曹操几乎叫了起来。"你说到我心里了。"

"既有军屯，又有民屯，粮食问题不就解决了吗。"

曹操采纳了枣祗的建议，任命他为屯田都尉，同任峻一起主管屯田大事。几天以后，就颁发了《置屯田令》："夫定国之术，在于强兵足食。秦人以急农兼天下，孝武以屯田定西域，此先代之良式也。"

于是广泛招募流亡的农民，把一些无主的土地贷给他们耕种。屯田的农民叫做"屯田客"，一律按照军事组织进行严格的编制，不准随便离开土地，并专门建立了管理体系，设置专职官吏，中央设大小司农，大郡设典农中郎将，小郡设典农校尉，县设典农部尉和屯司马。每个屯司马管理屯田客50人。参加屯田的农民可以免去兵役和徭役，但每年向政府交地租，这就是民屯。后来曹操又组织军队开荒，把参加开荒的军队以营为生产单位，每营配有"佃兵"，这就是军屯。

屯田开始时有强制性，按照军队规定，士兵逃亡，杀其妻子抵罪；农民逃亡或抗税，也要受到严酷处罚。结果士兵、农民逃亡和起义还是不断发生。曹操感到这样效果不好，于是又采纳部下建议，实行自愿原则，管理上也有所放宽，凡愿意参加屯田的就吸收，不愿的也不勉强。经过一段时间的实施，反而吸引了越来越多的流民，这样屯田制度取得了巩固和发展。

屯田开始一年后，仅许都附近，就收获谷物 100 万斛（一斛十斗）。从第二年开始，曹操又在他势力达到的州郡兴修水利，修造了许多水渠。他亲自领导治理睢阳渠，他任命的郡州长官也都十分重视农田水利建设，扩大屯田，推广种稻，战胜干旱。曹操还对广大自耕农民采用田租户调制的办法管理，使农村经济逐渐得到了恢复、稳定，使"州里萧条"，人口"十不存一"的中原地区，"数年中，仓储积粟，所在皆满"，不但在一定程度上解决了军粮问题，也使大量流离失所的农民重返土地，使北方的农业得到了恢复而且为曹操进一步统一北方，奠定了可靠的经济基础。

曹操迁都，实行屯田的这一年为 196 年，年号为建安元年。这一年曹操 42 岁，正是年富力强，准备大展宏图的年龄。

二、抑制豪强

曹操屯田对军粮供应起了很大的作用，但从总体看，曹操军队用粮和其他财赋支出，主要还是仰赖于广大个体农民。比如当决定袁绍曹操胜负的官渡之战时，袁军用粮固然靠个体农民供应，而已进行屯田达四五年之久的曹方军粮亦主要依靠于个体农民。特别是许县所在的颍川郡人民供应军粮尤多，因此，直到曹丕代汉时还下诏说：

颍川，先帝所由起兵征伐也，官渡之役，四方瓦解，远近顾望，而此郡守义，丁壮荷戈，老弱负粮……天以此郡，翼成大魏。

曹丕为了酬劳颍川郡人民，还下诏："复颍川郡一年田租"。"复田租"，表明供粮者主要是占有小块土地的自耕农。

河东郡个体农民对支援曹操平定关西，亦起了很大作用。《三国志》卷十六《杜畿传》言：

河东被山带河，四邻多变，……拜杜畿为河东太守。是时，天下郡县皆残破，河东最先定，少耗减，畿治之……百姓勤农，家家丰实。……韩遂、马超之叛也，弘农、冯翊多举县邑以应之。河东虽与贼接，民无异心。太祖西征，……军食一仰河东。及贼破，余畜二十余万斛。太祖下令……增秩中二千石。征汉中，遣五千人运，运者自率勉曰："人生有一死，不可负我府君。"终无一人逃亡，其得人心如此。

由上可知河东是曹操平定关右及"制天下"的重要军粮供应基地之一，故曹操对久任河东太守的杜畿极为倚重，一再下令表扬。但陈寿的叙述和曹操的表彰，都只赞扬了太守杜畿，而未曾提及典农官屯田的成绩，说明河东的屯田并不占多大分量。史书涉及河东屯田事项者只有两处：一是魏文帝曹丕时，赵俨继杜畿之后，"领河东太守、典农中郎将"；二是《曹真碑》有曲沃农都尉。赵俨以河东太守而兼典农的事，说明文帝时曹魏民屯已开始失去其独立存在的势头。至于以上《杜畿传》引文所言因勤农而致丰实的"家家"及为杜府君努力运送军粮的"民""人"，自然多是自耕农。这种记述反映了自耕农的重要作用。

无论就曹魏典农官所管辖的屯田民人数和做出贡献看，都远远不能同郡县个体农民相比拟。正因为自耕农是曹魏立国的主要基石，故统治者对自耕农采取了各种各样的扶植政策，如《三国志·卫觊传》载：

时四方大有还民，关中诸将多引为部曲。（卫觊）书与荀彧曰："关中膏腴之地，顷遭荒乱，人民流入荆州者十万余家，闻本土安宁，皆企望思归，而归者无以自业。诸将各竞招怀，以为部曲。郡县贫弱，不能与争，兵家遂强，一旦有变，必有后忧。夫盐，国之大宝也，自乱来放散，宜如旧置使者监卖，以其值益市犁牛，若有归民，以供给之，勤耕积粟，以丰殖关中……此强本弱敌之利也"。或以白太祖，太祖从之。始遣谒者仆射监盐官，司隶校尉治弘农，关中服从。

由上可知，原来由关中逃到荆州的十余万人家陆续回归后，无法自力谋生。关中割据势力韩遂、马超等趁机招引他们作部曲。曹操为了防止众多个体小农落入军阀手中，施行盐业官卖政策，以积货购置犁牛，作为农民耕种动力，从而达到强干弱枝的目的。表明曹操政权对其赖以立国的主要赋役提供者——个体农民是采取扶植态度的。《三国志·郑浑传》载：

　　太祖征汉中，以浑为京兆尹，浑以百姓新集，为制移居之法，使兼复者与单轻者相伍，温信者与孤老为比。由是民安于农，而盗贼止息。及大军入汉中，运转军粮为最。又遣民田汉中，无逃亡者。太祖益嘉之，复入为丞相掾。文帝即位，为侍御史，加驸马都尉，迁阳平、沛郡二太守。郡界下湿，常患水涝，百姓饥乏。浑于萧、相二县界，兴陂遏，开稻田。郡人皆以为不便。浑曰："地势洿下，宜溉灌，终有鱼稻经久之利，此丰民之本也。"遂躬率吏民，兴立功夫，一冬间皆成。比年大收，顷亩岁增，租入倍常，民赖其利，刻石颂之，号曰"郑陂"。转为山阳、魏郡太守，其治效此。又以郡下百姓，苦乏材木，乃课树榆为篱，并益树五果；榆皆成藩，五果丰实。入魏郡界，村落齐整如一，民得财足用饶。明帝闻之，下诏称述，布告天下，迁将作大匠。浑清素在公，妻子不免于饥寒。

　　从以上记述中，可以看出有作为的地方官郑浑为重新定居的个体农户，制定了安居生产的各种办法。郑浑这样做的效果是："租入倍常"，给曹魏政府增添了税收；"民得财足用饶"，表明在郑浑的治理下，个体农民的经济状况有长足改善。据同卷《苏则传》：

太祖征张鲁……鲁破，则……徒为金城太守。是时丧乱之后，吏民流散饥穷，户口损耗。则抚循之甚谨，外招怀羌胡，得其牛羊，以养贫老，与民分粮而食，旬月之间，流民皆归，得数千家。乃明为禁令，有干犯者辄戮，其从教者必赏。亲自教民耕种，其岁大丰收，由是归附者日多。

金城郡为今甘肃兰州市一带，自古多事，三国时战乱尤甚，可是苏则能够"和戎狄"，利用当地少数民族的牛羊以养贫老；还能在旬月之间，使流民返乡者达到数千家。这二事既是少数民族援助汉人的民族互助佳话，也是曹魏地方官员扶植自耕农的突出事例。《晋书》卷二六《食货志》言：

当黄初中，四方郡守垦田又加，以故国用不匮。时济北颜斐为京兆太守。京兆自马超之乱，百姓不专农殖，乃无车牛。斐又课百姓，令闲月取车材，转相教匠。其无牛者今养猪，投贵卖以买牛。始者民以为烦，一二年中，编户皆有车牛，于田役省赡，京兆遂以丰沃。

以上关于颜斐在京兆太守任内的记载，不仅提供了清廉有为的地方官颜斐用各种办法使个体农户获得重要生产工具耕牛大车，并且还使他们达到真能自给自足安居乐业的程度，充分显示做好自耕农工作的重要性。所言"当黄初中，四方郡守垦田又加，以故国用不匮"的话，简单扼要地概括了小农经济的好坏直接关系国家财政的丰足与亏欠。故黄初年间（220—226），曹魏的民屯虽然已经开始走下坡路，但由于"四方郡守垦田又加"，仍能支撑军国之费。陈寿在《三国志》卷十六《任苏杜郑仓传》末说：

自太祖迄于咸熙，魏郡太守陈国吴瓘、清河太守乐安任燠、京兆太守济北颜斐、弘农太守太原令狐邵、济南相鲁国孔乂，或哀矜折狱，或推诚惠爱，或治身清白，或摘奸发伏，咸为良二千石。

以上吴瓘等五人是陈寿没有掌握能为他们作传的材料而在别人传中附带提及的。我们只要翻看一下《魏志》各纪传及裴注，便可以知道曹魏时能扶植自耕农的地方官还为数甚多。在古代，小农经济是脆弱而经不起风吹雨打的，以上一些地方官的措施，无疑体现了曹魏政权对自耕农的扶植政策，从而有助于自耕农经济的发展。

汉末魏初，由于战乱，一般中小地主及比较富裕的个体户为了躲避兵祸，多相伴离乡，迁往比较安定的地区，以耕作待时。如《三国志》卷六十《全琮传》言："是时中州士人，避乱而南，依琮居者以百数。琮倾家给济，与共有无，遂显名远近"。这些寄居他乡的士人不可能长期仰赖别人供施，他们必然会种地以自食。例如"避乱荆州"的河内人司马芝，"居南方十余年，躬耕守节"；琅邪人诸葛亮随叔父诸葛玄"避难荆州，躬耕于野。"从海道逃到辽东的平原人王烈"躬秉农器，编于四民，布衣蔬食，不改其乐"；与王烈一同到辽东的北海人管宁"因山为庐，凿坯为室，赴海避难者皆来就之而居，旬月而成邑"，"邻有牛暴宁田者，宁为牵牛著凉处，自为饮食，过于牛主，牛主得牛，大惭，若犯严刑，是以左右无斗讼之声，礼让移于海表"；颍川人胡昭，始避地冀州，曾辞袁绍辟命，遁还乡里，"转居陆浑山中，躬耕乐道，以经籍自娱，闾里敬而爱之"。胡昭、管宁、王烈皆有高度的儒家文化修养，所到之处，甚受人民尊重，皆愿就之而居。不管三人原来是否为地主阶级，当他们捐弃房屋地产到外地定居以后，便成为自食其力的劳动者。这表明战乱时期原来的中小地主，经过迁移以后，转变为自耕农的，必然为数甚多。而在地主及富裕户大量外逃的中原地区，经过曹魏政府扶植自耕农政策的实施，由佃农或其他贫户转变成自耕农的，也当必不在少数。故我们可以说：汉魏之际的战乱年代，中原地区，由于地主阶级迁转死亡，无主土田增多，自耕农户相对有所增加。《三国志》卷十五《司马朗传》载：

（司马朗）迁元城令，入为丞相主簿。朗以为天下土崩……又以为宜复井田。往者以民各有累世之业，难中夺之，是以至今。今承大乱之后，民人分散，土业无主，皆为公田。宜及此时复之。

司马朗以上恢复井田制的建议虽然行不通，但他所说"大乱之后，民人分散，土业无主，皆为公田"的话，确是军阀混战和三国时期的真实情况，是曹魏时期土地关系的一大特色。这种状况，既为曹魏屯田提供了客观条件，也有利于自耕农经济的发展。但是当时豪强地主趁机兼并土地的问题也同时存在着。政论家仲长统也说过：

今田无常主，民无常居……土广民稀，中地未垦，虽然，犹当限以大家，勿令过制。其地有草者，尽曰官田，力堪农事，乃听受之，若听其自取，后必为奸也。

仲长统所说"犹当限以大家，勿令过制"，自然是指抑制豪强无止境地兼并土地。可见豪强兼并问题是相当严重的。曹魏政权对豪强的抑制除了通过实行法治，在政治上抑制豪强地主，还在经济上打击豪强地主。应该说，曹操实行屯田，已寓有与豪强地主争夺土地与劳动力的用意。曹操败袁绍，平邺之后，立即"重豪强兼并之法"，主要也是抑制地主豪强对土地的兼并，因此，才能使"百姓"（自然指农民）"喜悦"。在曹操的支持下，曹魏的一些地方官员对所管地区内地主豪强逃避兵役租调的不法行为也采取了惩罚措施。如《三国志》卷十二《司马芝传》：

太祖平荆州，以芝为菅（今山东省济南市章丘区西北）长。时天下草创，多不奉法。郡（济南郡）主簿刘节，旧族豪侠，宾客千余家，出为盗贼，入乱吏治。顷之，芝差节客王同等为兵，掾史据白："节家前后未尝给徭，若至时藏匿，必为留负。"芝不听，与节书曰："君为大宗，加股肱郡，而宾客每不与役，既众庶怨望，或流声上闻。今调同等为兵，幸时发遣。"兵已集郡，而节藏同等，因令督邮以军兴诡责县，县掾史穷困，乞代同行。芝乃驰檄济南，具陈节罪。太守郝光素敬信芝，即以节代同行。青州号芝"以郡主簿为兵"。

以上事件发生在建安十三年（208），是时曹操已基本统一了中国北方；且菅县亦非边远地区，而菅县的大吏兼恶霸刘节仍纵容宾客白日为贼，拒不服役。这类情况当非仅发生于济南一地，也非只刘节一人，其他郡国当亦有类似情事。只是像司马芝这样敢于抑制豪强势力的地方官少见罢了。史言节"宾客每不与役"，可知豪家宾客不当兵服役，乃系经常情况。《三国志》卷十五《贾逵传》注引《魏略·杨沛传》：

杨沛，字孔渠，冯翊万年人……及太祖辅政，迁沛为长社（今河南葛县东）令。时曹洪宾客在县界，征调不肯如法，沛先挝折其脚，遂杀之。由此太祖以为能。……会太祖……闻邺下颇不奉科禁。乃发教选邺令，当得严能如杨沛比，故沛……为邺令……军中豪右曹洪、刘勋等畏沛名，遣家骑驰告子弟，使各自检敕。

由上可知，杨沛所以能抑制豪强，是由于得到曹操的支持。曹操对豪强的策略是能用则用，不能用或犯科为歹，则抑制之。上述司马芝、杨沛二人是贯彻曹操之抑制豪强较为有力的地方官。

总之，曹操对豪强地主进行了一定的打击和抑制，尽管这些打击措施不可能是根本性的，但对安定社会，恢复经济，扶植自耕农，都起了积极作用。扶植自耕农经济与抑制豪强地主，是构成曹操实力较快增长的重要因素。

三、广揽人才

曹操为了广罗人才，多次催促荀彧推荐贤才。荀彧曾向曹操推荐同郡人戏志才。此人很有才能，曹操也很器重他，可惜他不幸早亡。此时，曹操给荀彧写信："自志才亡后，莫可与计事者。汝，颍固多奇士，谁可以继之？"荀彧接到此信后，就向曹操推荐他的侄儿蜀郡（今四川省成都市）郡长荀攸和颍川人郭嘉。

曹操于是亲自给荀攸写信，请他出来。他在信中说道："当今天下大乱，正是有智谋的人出谋划策的时候，但你只观察蜀汉的变化，迟迟不出来，不是已经拖得太久了吗？"荀攸于是应征去见曹操，两人一夕谈话，曹操大为兴奋，说："荀攸不是常人，我能够跟他共事，天下还有什么可以忧虑的？"于是请荀攸担任军师。这个荀攸后来跟随曹操征战，屡建奇策，成为曹操的主要谋士之一。可见曹操的确十分擅长知人用人，并且，这样的例子不止一次。

最初，郭嘉晋见袁绍，袁绍对他十分礼敬。数十日后，郭嘉认识到袁绍只知道仿效那种礼贤下士的形式，实际上却不会用人，并且处理事务主次不分，优柔寡断，于是就离开了袁绍，投奔曹操。曹操接见郭嘉，两人谈论天下大事。谈不多久，曹操就不禁大喜过望，兴奋地对郭嘉说："助我完成大业的，就是你。"郭嘉心里也十分高兴，深感遇到了自己的真正领袖。曹操任命他为司空祭酒。郭嘉后来为曹操提出了许多正确的建议，为曹操统一北方做出重大贡献。但不幸因病早死，年仅38岁。在他死后，曹操写了两封信给荀彧追念郭嘉，言简情真，感伤深切，对郭嘉的才干和忠诚进行了真诚的赞扬。这也说明了曹操对贤才的爱护和重视。

许都屯田的第二年，曹操看到军粮问题已有了指望，便开始向南阳用兵，讨伐张绣。当时，张绣离许都最近，威胁最大，他与荆州刘表结成联军，扬言要打进许都，劫走献帝。

正月，曹操的部队开到淯水（今河南省白河）时，张绣就率全军投降曹操。曹操在接受张绣投降之后，却把张绣的叔母娶去做妾。曹操做的这件事，不但使张绣丢脸，也使张绣的部下看到以前主将的妻小被曹操占去，深怀愤慨。十几天后，张绣率军偷袭曹营，曹操被打得猝不及防，大儿子曹昂战死，侄儿曹安民被杀。卫队长典韦掩护曹操逃走，留在后面和张绣死战，左右卫士死伤将尽，典韦身上受到几十处创伤，张绣的士兵冲上去准备活捉，典韦双手抓住两个士兵，奋力搏击，瞋目怒骂，最后被杀。

当时，曹军一片混乱。曹操的左手臂和坐骑都被箭射伤，撤退的士兵乱糟糟。只有大将于禁带领的几百人，边战边退，虽有伤亡，但队伍一直不乱。路上，于禁见十几个难民赤裸着身体，身上还有伤痕，便上前询问。难民说，他们遭到好些青州兵抢劫，被剥去衣服，还挨了打。于禁一听，十分恼火。

"青州兵也是曹公的军队，怎么做起强盗来呢？"他严厉地责问青州兵，就抓了几个为首的杀了示众。随后，他带着队伍回到了营地。回营后，他没有立即去见曹操，而是先建筑营垒。这时有人警告于禁："青州兵已先告状了，还不快去解释。"

于禁说："敌人大军就在背后，随时都会发起攻击，不先备战，如何迎战？而且曹公英明，怎么会受人摆弄？"说罢，他仍用正常速度挖掘壕沟，安营扎寨，然后才去晋见曹操。

"你回到营地，为何迟迟不来见我？"曹操问道。

"因为敌人离我们不远，不筑好营垒不好脱身。"

"噢，"曹操点点头，"刚才有人说你杀自己人，有这事吗？"

"是的。"于禁一点儿也不隐瞒，把经过原委向曹操说了一遍。曹操一听，大为高兴，对于禁十分赞赏，说：

"汜水之败，我自己都狼狈不堪，将军在混乱中仍然镇定，铲除暴乱，巩固阵地，有不可动摇的气质，即使是古代名将，也不能比你更好。"

曹操立即召集众将领，表彰于禁严于治军的精神，又加上他以往的功劳，加封他为益寿亭侯。

曹操爱护贤才，知人善用并且严于纪律的事情不止一次地发生。在刚迁都到许县时，他任命山阳（今山东省金乡县）人满宠当许县县长。

有一次，曹操堂弟曹洪的宾客倚仗曹家的权势犯了法。满宠毫不留情地把他逮捕了起来。曹洪出面求情，满宠不予理睬。曹洪急了，便托人告诉曹操，想请曹操出面说情，满宠得知消息后，索性把犯人处死了。曹操对这件事不但不责备满宠，相反，对他秉公办事，不徇私情的做法大加夸奖，说："一个负责任的官员，难道不该如此？"

汜水之败和于禁治军的范例，使曹操认识到建立一支有战斗力的军队，必须严明纪律，赏罚分明。为此，他陆续颁布了各种《军令》和《战令》，对行军、作战、扎营、保护农作物甚至连喝山泉水会引起腹泻等以及各种赏罚都作了具体的规定，而且宣布：全军上下，不论什么人，违犯了规定，都要受到惩罚，可是曹操没有想到，他自己也会触犯自己颁布的军令。

汜水之败后，到了同年冬天，曹操才再度攻打张绣，击败了张绣和刘表的联军，收复了一些失地。到198年三月，曹操第三次进军并围攻张绣的根据地穰县（今河南省邓州市）。此时正值割麦季节，曹操下令："全体将士不得践踏麦子，违令者斩！"命令一下，部队走过麦田，都很小心，遇到麦子茂密的地方，唯恐碰坏麦子。不料，一次行军途中，麦田里突然飞出一只斑鸠，猛地扑撞在曹操的战马身上，战马受惊，又踢又叫地窜入麦田，曹操连忙勒住缰绳，但是，已经有一片麦子被踏坏了，曹操立即下令全军停止前进，他叫来了行军主簿，问道：

"按照规定应该定什么罪？"

主簿迟疑了一会儿说道："您是一军之主，不能受刑罚。再说，这是因为战马受惊，并非有意，与您无关。"

"不，"曹操严肃地说，"我自己发布的军令，自己怎么能不执行呢！"

曹操见主簿不愿定罪，便拔出剑来，对大家说："我身为主帅，不可自杀。但以发代首，作为刑罚。"说罢，便挥剑割下一把头发，扔在地上，那时，割发也是一种刑罚。

曹操割发代首的事传开后，全军上下无不震动。军队继续前进，经过麦田时，大家更加谨慎了，同时士兵们对各项军令的执行也都更严格了。

四、整顿风俗

曹操"雅性节俭，不好华丽，后宫衣不锦绣，侍御履不二采，帏帐屏风，坏则补纳，茵褥取温，无有缘饰。攻城拔邑，得靡丽之物，则悉以赐有功，勋劳宜赏，不吝千金，无功望施，分毫不与。四方献御，与群下共之"。这是裴松之在为《三国志》作注中引用《魏书》的一段话，可以作为对曹操之节俭所作的综合性评价。

如果说节俭是曹操的优良品质，那抑制贪欲则是他成就大业的关键。

建安十五年（210）十二月，曹操在令中公开宣示了自己的经历和政治抱负，称自己"欲为国家讨贼立功，欲望封侯作征西将军，然后题墓道言'汉故征西将军曹侯之墓'，此其志也"。同时宣布退回皇帝所封的诸多封地，只留武平一万户。建安十八年（213）五月，汉献帝派御史大夫郗虑策命曹操为魏公，曹操上书答谢时说了很有名的四句话："列在大臣，命制王室，身非己有，岂敢自私。"直到建安二十四年（219）冬东吴孙权上书称臣，劝曹操当皇帝，曹操还骂他"是儿欲踞吾著炉火上耶！"

曹操不仅自己不好华丽，也使子女、后宫都做到了节俭朴素。"公女适人，皆以皁帐，从婢不过十人。"曹操夫人卞氏常说："居处当务节俭，不当望赏赐，念自佚也""吾事武帝四五十年，行俭日久，不能自变为奢"。《三国志·后妃传》还记载，曹操为卞夫人弟卞秉建了一座房子，建成之后，卞夫人到弟弟家，请亲戚吃饭祝贺，"菜食粟饭，无鱼肉。其俭如此"。直到曹操孙子曹叡当了魏明帝的时候，尚书卫觊还上疏劝谏，"当务之急，宜君臣上下，并用筹策，计较府库，量入为出"。特别说道，"武皇帝之时，后宫食不过一肉，衣不用锦绣，茵蓐不缘饰，器物无丹漆，用能平定天下，遗福子孙。此皆陛下之所亲览也"。（《三国志·卫觊传》）可见前说不谬。

值得一提的还有曹操禁止厚葬之风，当然他自己也绝不把金银珠宝埋在死后的墓葬里享受虚妄的永恒。建安十年（205）大破袁谭，平定冀州之后下令，"公不得复私仇，禁厚葬，皆一之于法"。建安二十三年（218）六月又下令曰："古之葬者，必居瘠薄之地""因高为基，不树不封""公卿大臣列将有功者，宜陪寿陵，其广为兆域，使足相容"。《汉书》还曾记载曹操曾下令"士卒为军死，为椑"，即用小棺葬之。建安二十五年（220），曹操在六十六岁死前的遗令中，嘱"敛以时服，无藏金银财宝。"对于曹操的薄葬，后人妄加揣测。大约到宋朝的时候，有人说曹操为了不让别人盗墓，在漳河一带筑了七十二座坟墓以为疑冢，其中只有一座是真的。蒲松龄写的《聊斋》里，则说一个渔民在七十二冢之外找到了水下的曹操墓。（《聊斋·曹操冢》）当然，这些都是传说的故事而已。据《三国志·武帝纪》记载，曹操所以禁厚葬，最主要的是因为"天下尚未安定，未得遵古也。"所以遗令规定，"葬毕，皆除服。其将兵屯戍者，皆不得离屯部。有司各率乃职"。曹丕称帝以后，在黄初三年（222）冬以首阳山东为寿陵，并作制说明了薄葬的道理和方式。他说，葬就是藏，也就是让人见不着。葬于山林，就应该与山林浑然合于一体，因此不建寝殿、园邑、神道。最后，他立下最重的诅咒，来防止后人改变他的遗嘱。说："若违今诏，妄有所变改造施，吾为戮尸地下，戮而重戮，死而重死。臣子为蔑死君父，不忠不孝，使死者有知，将不福汝。其以此诏藏之宗庙，副在尚书、秘书、三府。"真是说得情词恳切，信誓旦旦，这足以成为曹氏父子节俭之风的盖棺定论。

曹操素有"整齐风俗"之志。汉光和末年，曹操为骑都尉，因为讨伐颍川的黄巾起义有功被任为济南相。当时济南管辖十余县，"长吏多阿附贵戚，脏污狼藉"。曹操到任之后，"咸皆举免，小大震怖，奸宄遁逃，窜入他郡。政教大行，一郡清平"。当时还有一个建祠风，"奢侈日甚，民生贫穷，历世长吏无敢禁绝者。太祖到，皆毁坏祠屋，止绝官吏民不得祠祀。及至秉政，遂除奸邪鬼神之事，世之淫祀由此遂绝"。不能不承认这是曹操纠正时弊的一大贡献。

服饰也体现一种社会风俗。汉朝末年，王公大吏们一般都以戴幅巾为雅，很多将帅，也著缣巾（一种质地细薄的丝织品），闹得文武不分，不伦不类。曹操以为，当时"天下凶荒，资财匮乏，拟古皮弁，裁帛以为帢，合首简易随时之义，以色别其贵贱，于今施行，可谓军容"。直到黄初二年（221），曹丕召见大臣杨彪，让他拄拐杖，带鹿皮冠，杨彪还辞让不听，仍然穿着布单衣、带着曹操所推行的皮弁去见曹丕。

还有一个涉及尽人皆知的以称象而著称的聪明的曹冲的故事，可以说明当时曹操是如何禁止损失浪费的。《三国志·武文世王公传》记载："时军国多事，用刑严重。太祖马鞍在库，而为鼠所啮，库吏惧必死，议欲面缚首罪，犹惧不免。冲谓曰：'待三日中，然后自归。'冲于是以刀穿单衣，如鼠啮者，谬为失意，貌有愁色。太祖问之，冲对曰：'世俗以为鼠啮衣者，其主不吉。今单衣见啮，是以忧戚。'太祖曰：'此妄言耳，无所苦也。'俄而库吏以啮鞍闻，太祖笑曰：'儿衣在侧，尚啮，况鞍悬柱乎？'一无所问。"马鞍被老鼠咬了都是死罪，谁还敢随意浪费呢？

对于贪滑之人，曹操更是不留情面。建安十三（208），司徒赵温为讨好曹操，推举曹丕茂才。曹操上表说，"温辟臣子弟，选举故不以实"。最后竟因此免了赵温的官。荆州刺史徐质也学着曹操，严惩行贿者。裴松之为《三国志·徐质传》作的注中讲了这样一件事。说徐质帐下的一个都督，为了巴结徐质的儿子徐威，在徐威探父返回京都前，先请假回家，然后在半路上与徐威结伴，"每事佐助经营之，又少进饮食，行数百里"。后来徐质知道这件事以后，打了这个都督一百棍子，还将其开除。当时的吏治之清，由此可见一斑。

曹操治家也是同样十分严格。他深知《易经》所说的"男正位乎外，女正位乎内"，所以先管住了自己的夫人卞氏，当然也就管住了子女和后宫。曹操为了考察和教育卞夫人，有一次得到一些名贵的首饰之后，让卞夫人自己选一件。卞夫人选了一件中等的。曹操问她为什么选这个，她巧妙地回答说："取其上者为贪，取其下者为伪，故取其中者。"可以想见，这个答复是能令曹操满意的。

第四章　大战官渡

一、袁军压境

建安五年（200），袁绍听说曹操杀了董承、董贵妃，又把汉献帝软禁起来，于是立即抓住这个机会命文记官陈琳写了一篇声讨曹操的檄文，指责曹操威胁天子，残害忠良，败法乱纪，骄横残暴；还嘲笑曹操出身微贱是"赘阉遗丑"，号召天下豪杰共讨曹操。檄文发出后，袁绍便调动了十多万人马向许都进攻。

但是，袁绍出发之前，内部曾展开过激烈的争论。谋士田丰说："前些日子，曹操全力打刘备时，许都空虚，我建议你去进攻曹操，你不去；现在曹操打败了刘备，得胜回到许都，许都不再空虚，怎么能去进攻呢？再说曹操兵马虽少，但他善于用兵，变化多端，千万不能小看他！现在不如按兵不动，等待时机。"

但急于成功的袁绍，此刻被自己的强大力量冲昏了头脑，听了田丰这番话，很不高兴，说田丰灭自己的威风，长他人的志气。田丰决定冒犯袁绍，继续劝阻道：

"将军据守山川险要，固若金汤，拥有四个州的人力，对外结交英雄，对内推广农耕，加强备战。然后选拔精锐，组成突击部队，寻觅曹操弱点，不断出击，扰乱黄河以南。曹操救右，我们攻左；曹操救左，我们攻右，使他们疲于奔命，人民不能安居。而我们没有劳苦，敌人已经窘困，用不到三年，可以坐等胜利。而今，放弃斗智的必胜策略，却把成败付于一场会战，万一不能产生预期的效果，后悔已来不及。"

袁绍不但听不进去，反而大怒，说田丰为曹操宣传，扰乱军心，下令逮捕田丰，加上脚镣手铐，投入监狱。

我们观察袁绍和曹操两人各自对待手下谋士的态度，就可预测到将要发生在两人之间的一场决定各自前途命运的大战的结局。田丰的谋略，不亚于曹操手下的荀彧、郭嘉等人，但他追随错了人，选择错了集团，所以他的命运就远远不如曹操手下的几位。官渡大战袁绍战败后，非但没有醒悟田丰事前这番苦口婆心，反倒恼羞成怒，杀害了田丰。历史人物的命运令我们后人扼腕叹息。

而曹操听说田丰没有跟随袁绍大军出征，不禁大喜，说："袁绍一定失败！"后来等到袁绍军队溃败逃散，又说："开始时袁绍如果用田丰的计谋，结局如何，难以预料。"可见曹操知人识人之深。

另外，袁绍把田丰下了狱之后，又由于沮授也反对他出兵，便削去了沮授的大部兵权。沮授在袁绍大军出发前，召集他的家族，把所有的财产分散，说："事情成功，威望无所不加；事情失败，一身不保，可哀！"

"曹操兵力脆弱，不堪一击，你怕什么？"他的老弟沮宗说。

"曹操富有智慧和谋略，又有天子作为政治资本。"沮授面色凝重地摇摇头说："我们虽然攻克公孙瓒，但部队已经很疲惫。何况，主公骄傲，又这么刚愎自用，将领顽劣无能，看来是必败无疑了。"

袁绍大军进发之前，为了牵制曹操，便派人去游说刘表、张绣，希望同他们组成联军，南北夹击曹操，然而曹操早已预料到这一招。

荆州地区的长沙太守张羡，长期盘踞长沙、零陵、桂阳三郡。待刘表准备响应袁绍出兵曹操之时，张羡出兵抗拒刘表，响应曹操。刘表便和张羡打在一起，相持不下。刘表也就没有余力再去牵制曹操了。

而张绣不但没有听从袁绍，反而听从了谋臣贾诩的劝告，背叛刘表，归附曹操。曹操不计前嫌，予以接纳。因此袁绍便不得不靠自己的力量和曹操斗法。

关中（今陕西省中部）将领们因为袁绍、曹操正在酝酿大战，都保持中立态度，观望成败。凉州（今甘肃省东部）州长韦端，派参谋官杨阜，前往许都，杨阜回来后，将领们向他询问："袁曹之争，谁胜谁败？"杨阜说："袁绍宽容而少决断，计谋层出不穷而不知道选择。没有决断便没有威信，不知道选择便处于被动，目前虽然强大，最后却会失败。曹操雄才大略，能抓住机会，毫不动摇，法令统一，军队精良，能任用度外之人，而被任用的人，又都能尽忠职守，一定可以成就大事。"

关中将领逐渐倾向曹操。正好，曹操派治书侍御史卫觊镇守、宣抚关中，卫觊根据关中难民返乡很多及各将领的势力，向荀彧、曹操建议恢复食盐专卖制度，以卖盐所得买犁买牛，供给难民，使难民安心农作，恢复经济；并派京畿司隶校尉钟繇镇守关中，维持社会秩序。曹操听从并实施了卫觊的意见，从此关中重返朝廷。

在这种情势之下，袁绍一意孤行，他命大将颜良、文丑为先锋，刘备为后阵，自己带领主力，浩浩荡荡向许都而来。

袁绍大军压境，曹操的内部也起了风波。将领们听到消息，全体震恐。那时袁绍有十多万人马，曹操只有三四万；袁绍所拥四州，地广土肥，人多物丰，曹操所有的兖州，战乱不止，人口稀少，物产也稀。曹操却镇定自若，显示出一派霸主的气概。他说："我了解袁绍，他心比天高，智慧却很少；外表英勇无畏，实际上却胆小如鼠；怀疑猜忌，不能建立威信；军队虽多，不能有效管理；将领骄傲蛮横，政令军令，不能贯彻执行。土地虽广，粮草虽丰，不过是为我们准备，等待我们去接收。"

将作大匠孔融问荀彧："袁绍地大兵强，田丰、许攸都是智囊，充当他的谋士。审配、逢纪都忠于他，替他主持军政。颜良、文丑，更是一代名将，统御士军。是不是难以抵挡？"

荀彧说："袁绍的军队虽多，但没有纪律；田丰刚直，但冒犯长官；许攸贪婪，不能克制自己；审配专权而无谋略；逢纪果决而自以为是。

这几个人，不懂得团结的重要，互相排斥，势必争斗，一定会发生变故。至于颜良、文丑，不过两个有蛮力的粗汉而已，一次战役，便可擒获。"

"知己知彼，百战不殆。"诚为良言。曹操经过这一番争论，更增加了与袁绍决战到底的必胜信心，全军上下对自己，对敌方也增加了了解，士气一致。于是，曹操命刘延扼守白马（今河南省渭县东），于禁驻守延津（今河南省延津县北），共同防止袁军南下。曹操自己则率主力后退一步，驻守许都北面的门户官渡（今河南省中牟县东北）。

二、初战白马

二月间，袁绍主力到达黎阳（今河南省浚县东北）前线。他派大将颜良攻击白马，以保主力渡河决战。沮授说："颜良性格孤僻，虽然骁勇，但不是统帅材料，不可以独当一面。"袁绍听不进去。

刘延一听颜良来攻白马，立即快马向曹操求援。曹操正想带兵去救白马，谋士荀攸对曹操说："敌人兵多，我们兵少，不能硬拼，最好想办法分散敌人的兵力。我建议我们分一部分兵马往西到延津渡口，假装渡河，去抄敌人后路，等袁绍得到消息，一定会分兵向西阻截，我们再用轻骑，急袭白马，来他个声东击西。"

"好主意！"曹操依了荀攸的计策，派兵飞奔延津，袁绍一听曹操要从延津渡河北上抄自己的后路，急忙派大军去堵截。这时，曹操却暗暗带领一队轻骑，快速赶到白马，在离城十几里处扎下营寨。

颜良根本不知曹操救兵已到，仍旧整天围着白马城，耀武扬威地向城内挑战。曹操命张辽、关羽冲锋。关羽骑着赤兔马，望见颜良的元帅大旗，跃马上前，长驱直入，颜良还未看清是谁，关羽早已飞马穿过万军来到跟前，颜良措手不及，被关羽一刀斩于马下。关羽割下颜良的首级，拴在马颈下，拍马回阵。袁绍军士惊愕之间，无人阻挡。曹军乘势进攻，袁军大惊，不战自乱，死伤大半，纷纷败退，白马遂告解围。

关羽奔回曹营，将颜良首级献给曹操，曹操不禁大加称赞："将军真是神人！"给他记了头功，又表封他为汉寿亭侯。

战斗结束，曹操将白马城中百姓全部迁出，沿河往西撤退，准备去加强延津方面的防御。袁绍发觉中计，十分恼火，下令立即渡河，追击曹操。这时沮授又来劝阻："胜负之间，变化无常，不可不静心思量。照目前情况，我们应留在延津北岸，再分兵去袭击官渡，一旦官渡打了胜仗，我们这儿再过河追击也不迟。假如我们大军径行南下，万一遇到灾难，大家全无退路。"袁绍仍旧不理。临渡河时，沮授叹息说："上面的人狂妄自大，下面的人只求贪功，黄河悠悠，我能不能北返？"遂宣称有病辞职，袁绍不准，但对沮授已经怀恨在心，再行剥夺他的兵权，把部队全部拨给郭图。

袁绍命大将文丑率军先渡河打头阵，自己和刘备压后。曹操见袁军要渡河，便让军队在南面山坡下扎下营寨，构筑阵地，又派哨兵登上山坡瞭望，随时报告敌情。

"敌人前锋已到，有五六百骑兵。"哨兵报告。

"别管他，大家好好休息。"曹操说。

"骑兵又增多了，步兵简直数也数不清。"

曹操说："好了，不必再报。"命令骑兵解下马鞍，把马放开。同时，又把从白马运来的兵器、粮草全部放在路上，将领们很不理解，认为敌人兵力太多，不如赶紧把这些辎重运回。荀攸说："我们正在引诱敌人攻击，怎么能走？"曹操听了，向荀攸微笑。

不一会儿，眼看文丑和刘备率领五六千骑兵先后追到，曹军将领焦急地请求：

"现在可以上马出击了！"

"不到时候。"曹操镇定从容地说。

稍后，袁绍骑兵越来越多，他们不见曹军动静，便分出一支军队，直扑大道上从白马西迁的辎重车队。

"时候已到。"曹操果断地下令，全体上马，跃马扬鞭，一起冲下山坡。曹军骑兵虽然不超过六百人，却把袁军杀得大乱。这时文丑正挥刀拼命抵抗，没提防马失前蹄，差一点跌落在地，他正拉起马头，忽然飞来一口大刀，文丑"啊"的一声，倒于马下，脑袋随即被曹军兵士割去了。刘备在后面听说前锋遭了惨败，大将文丑被杀，只得引兵退回。

颜良与文丑，都是袁绍麾下名将，可这回中了荀彧的计策，只两次会战，便全被诛杀，袁绍部队士气低落。

最初，曹操喜爱关羽为人，但观察他的志向，似无久留之意，就叫张辽去问一问原因。关羽叹息说："我知道曹公待我优厚，但我受刘备的知遇大恩，愿跟他同生死，不能背弃，我终有一天要离开曹公，但在离开之前，对曹公一定有所回报。"张辽转告曹操，曹操敬重关羽的义气。这回，关羽击斩颜良，曹操知道关羽辞去的日子不远，就重重赏赐。关羽把曹操所有赏赐，全部封存，留下辞别书信，投奔身在袁绍军营的刘备。曹操左右打算追杀，曹操说："人，各为其主，不要追他。"

白马、延津两战以后，战役转入相持阶段。袁绍仗着人多势众，将大军集结在官渡北面的阳武（今河南省原阳东南），与曹军隔水对峙。这时，曹操虽然打了胜仗，但袁绍兵多粮足，曹操兵少粮缺的情况仍未改变。曹操境内老百姓困于役赋，反抗事件不断发生。这时，曹操刚制定新的法令，颁布郡县政府执行，比过去旧的法令，要严厉得多，尤其户税绸缎，征收尤为迫切。长广（今山东省莱阳县东）郡长何夔建议曹操不要迫民太甚，曹操同意。

此时，刘备率军在汝水、颍水一带，出没游击，许都以南，官民人心不安，曹操深为苦恼。曹仁分析刘备统率的全是袁绍的部队，不能得心应手，易于击破，遂请兵追击刘备，果然大破刘备，收复所有背叛的县城后班师。

刘备率军返回袁绍大营，暗中计划如何脱离，于是建议袁绍加强跟刘表的联盟。袁绍派刘备率领他自己的旧部，再到汝南，跟变民首领龚都会合。两部会合约有部众数千人，刘备遂暂时脱离袁曹会战。

此时，江东孙策被人刺杀身死。他弟弟孙权继承他的位置，统领全军，有张昭、周瑜、鲁肃一班辅佐，拥有江东扬州五郡。

袁绍要渡河与曹军对阵，沮授又出来劝说袁绍："我们的人虽多，但不及南兵英勇善战。不过，曹操的粮草少，我们的粮草多，曹操急于和我们交战，而我们最大的优势是拖延时间，所以，应打持久战，拖垮曹操。"无奈，袁绍的耳朵专听谄媚之语，正确的计谋就是听进不去。

袁绍命令大军向前推进，渡过黄河，紧靠沙滩筑营，东西连绵数十里。曹操大军也向两翼展开，构筑阵地，双方遥遥相对。

这时，曹操驻守官渡前线的士兵只有一万多人，又有许多是伤员，因此，他决定速战速决，主动发起攻击，但打了一阵，不能取胜，便收军退回营垒。袁绍在营中堆土成山，建立高楼，向曹操军营射箭，曹操军营完全暴露在敌人射程之内，官兵们都用盾牌蒙头，才敢通行。曹操下令制造"霹雳车"（一种抛掷巨石的攻城车辆），用于攻击袁绍营中高楼，将高楼一一打倒。袁绍再挖掘地道，曹操则在营内挖掘横沟阻挡。

过了一个月，曹军粮食越来越少，士气也逐渐低落。一天，曹操把粮官找来，问他怎么办。粮官说："可以改用小斛分粮，稳定军心。"曹操说："好，就这么办。"不料几天过后，军中大哗，都说曹操克扣军粮。曹操皱皱眉头，对粮官讲："我要借用你一件东西，压压阵，希望你能同意。"

"只要主公需要，我一定同意。"

"我要借你的头用。"曹操说着，便下令把粮官砍了，把他的头挂在军门上，罪名是："给士兵分粮用小斛，贪污军粮。"

杀了粮官，风波平息了，但军粮问题仍未解决。到底是退兵，还是坚守？曹操拿不定主意，他写信问留守许都的荀彧。荀彧回信说：

"袁绍把他所有的部队，全部集中在官渡，打算跟你决一胜负。你以最弱对最强，如果不能克制敌人，一定被人克制。目前我们正处在重大的历史转折点上，袁绍不过是一个小市民型的英雄，能集结很多人，却没有本领分辨谁是真正的人才，加以妥善任用。主公你聪明睿智，又名正言顺，有谁可以阻挡你达到目的？粮草虽然少，还没有少到西汉跟西楚在荥阳、成皋对峙时的那种程度。当时的刘邦、项羽，谁都不肯先撤退，深知一旦先撤退，形势就会立刻逆转。你的军队，不过袁绍的军队十分之一，然而划地坚守，扼住袁绍的咽喉，使他寸步不能前进，历时半年，情势已到谷底，必有大的变化。这正是出奇制胜的时机，不可丧失。"

曹操采纳，下令加强营垒工事，严密防守。

几天以后，曹军又收到荀彧运来的一些军粮；曹操遇到运送粮草的后勤部队士兵，安抚他们说："再过十五天，我为你们击破袁绍，就不再麻烦你们来回奔波了。"鼓励将士们坚守阵地，决心与袁绍决一胜负。

又过了一些日子，曹操营里军粮再度恐慌起来。而袁绍运送粮草的辎重车队第一批几千辆，抵达官渡。曹操心里很着急，又不便表露出来，只有谋士荀攸知道曹操心思，便告诉曹操道："袁绍辎重车队，估计已到。押运车队的将领韩猛，勇敢而轻敌，一击可破。"曹操一听，焦虑顿减，急忙问："谁可担负这次任务？"荀攸说："徐晃！"曹操随即命令偏将军徐晃跟史涣共同领兵出击，果然大破韩猛，纵火焚烧所有辎重。袁绍得知，气得直跺脚。

曹操又派使者回许都催要一些粮草，不料使者中途被袁军士兵捉到，押到了袁绍的谋士许攸那里。许攸从使者身上搜出曹操向荀或催粮的信，就去对袁绍说："曹操屯军官渡已八个月了，今日粮草已尽，许都也必定空虚；如果我们分出一路兵去袭击许都，同时，再进攻官渡，准能活捉曹操。"说着，把曹操催粮的信给袁绍看。袁绍接过信，随便看了看，便把信往地上一扔，并认为这是曹操故意写给我方看的，这是诱敌之计，不可上当！"

许攸万万没料到这样的妙计会被顶回，站在那儿有点儿发愣，又有些不甘心，还想力争；刚巧袁绍的亲信审配从邺城派人送信来。袁绍拆信一看，是控告许攸的，说他在冀州贪财受贿，他的亲戚侵吞公款，现已把他一家收在监狱里。袁绍看了，大发其火，指着许攸的鼻子臭骂了一通，把他撵出门去，不准他再多嘴多舌。

三、火烧乌巢

这时，袁绍第二批更庞大的运粮辎重车队一万多辆又到。袁绍把这些粮食和所有的军用物资都堆积在前线大营的北后方，距离四十里路的乌巢（今河南省延津县东南），命大将淳于琼率军一万余人前往乌巢驻扎守护。

许攸受辱以后，又气又恨。他想起自己过去跟曹操交情颇好，便连夜溜出军营，投奔了曹操。

曹操刚准备睡觉，听说许攸求见，来不及穿上靴子，光着脚跑出来迎接，他高兴地拍着手说："哎呀，许攸，你远道而来，我的大事一定成功了！"

曹操把许攸迎入座，命人取来酒菜，两人开怀畅饮。不一会儿，许攸忽然问曹操：

"袁绍军力强大，你有什么办法？而今，你还有多少存粮？"

"还可支持一年。"曹操说。"胡说八道，再说一次。"许攸说。

"还可支持半年。"曹操又说。

许攸一听，站起来就要告辞。曹操连忙拉住："你怎么啦？"

许攸生气地说："我诚心诚意来投奔你，你怎么总是撒谎？"

"刚才是开玩笑，刚才是开玩笑。"曹操只得低声说道："请别见怪，此事不宜张扬。实不相瞒，存粮只够我勉强支持一个月。你说怎么办好？"

许攸点点头，说："你一支孤军，固守阵地，外无救兵，内无粮草，正处在危机之中。我正是来给你救急的。袁绍的辎重车队，有一万多辆，全都囤积在乌巢，派淳于琼守卫着。此人是个酒鬼，防备很差，如果用轻装骑兵，发动突袭，定出他们意料之外，然后放火烧粮，不出三日，袁绍部队就会不战自溃！"

曹操大喜过望，立即派荀攸、曹洪等守卫大营，又令夏侯惇、夏侯渊埋伏在大营左边，曹仁、李典埋伏在大营右边，自己带领一支五千人的步骑兵混合部队，改用袁绍兵团的旗帜号令，马口衔着树枝，再加绳缚，以防喧哗和嘶鸣。令张辽、许诸在前，徐晃、于禁压后，士兵每人都带着干草，在夜色掩护下，走小径，向袁营出发，当经过袁军阵地时，只听对方喊道："干什么的？"

"袁公派我们去乌巢增防。"

袁军见来人打着自家旗号，也不怀疑，让曹军顺利通过。曹军既到乌巢，四更已尽，立即展开包围，曹操令士兵把带来的柴草点燃，然后，擂响战鼓，乘着夜风，向袁营冲击。曹军士兵们都举着火把，呐喊着冲进了袁营。此时淳于琼与众将领正酒后酣睡，忽闻鼓噪声大作，淳于琼连忙跳将起来，喝问道："谁人大胆，聚众鼓噪？"话未问完，忽听有人大喊："曹兵来了！"他连忙出帐一看，只见四处粮囤烟雾腾腾，大火熊熊，自知大事不好，急急披挂上马，准备迎敌，但又不知曹操来了多少人马，不敢盲目出击，只好暂时按兵不动，此时军心已大乱。待到天明一看，粮囤已被烧得差不多了，同时发现曹兵并不多，淳于琼不由长叹一声："哎，又上当了！"遂率众出战。曹操见淳于琼出营，立即组织进攻，淳于琼不敢反击退回营寨自保，曹操攻击更为猛烈。

这边袁绍在帐中接到报告，说是北面火光冲天，定是乌巢出了事。袁绍立即招来文武官员商议。此时袁绍仍然自信地对儿子袁谭说："纵然曹操击破淳于琼，我也会击破他的大营，叫他无家可归。"大将张郃说："曹操率领的全是精锐，一定会攻破淳于琼，淳于琼一旦失败，大势已去，应该让我和高览先去乌巢救援。"袁绍的智囊亲信郭图说："不行。曹军劫粮曹操必定亲自去，大营必定空虚，可派重兵去袭曹营大功必成。"张郃又讲："曹操大营，十分坚固，不容易攻破，而万一淳于琼被擒，我们全体都要被俘。"袁绍听不进去，命令张郃、高览带重兵去官渡攻击曹营，只派蒋奇领少许人马去救乌巢。

乌巢这边，曹操攻营正在紧张激烈地进行着。忽报："袁绍的增援部队来了。"

"让我率兵前去阻击。"乐进对曹操说。

"不去管他，你们尽管去烧粮。"

一会儿，曹操左右向曹操报告："敌骑已经接近！请分军阻击！"曹操大怒，说："等他们到了我背后，再告诉我！"

于是爆发惨烈决战，曹操士卒死中求生，奋力搏杀，喊杀声震天动地，终于攻下淳于琼营寨，斩杀淳于琼等，把所剩军粮，焚烧一空。随即回军击破袁绍的增援部队。俘虏袁军士兵一千余人，割下每个人的鼻子；俘获的牛马，则割下每头牛马的嘴唇或舌头，然后驱逐他们奔回袁绍大营。袁绍大营官兵，目睹惨象，大为震恐。

张郃、高览这边来攻曹军大营，他们从中路进去，遭到曹军奋力抵抗。不一会儿，左边杀出夏侯惇等，右边杀出曹仁、李典，三路夹攻，袁军正想败退，又逢曹操人马从乌巢赶回，四下围住厮杀，张郃、高览不敌，只得夺路逃回。

此时，去增援乌巢的蒋奇已逃回袁营，袁绍一见，气得两眼直瞪，正想严惩，忽报张郃、高览也兵败而归，袁绍气得差点昏厥过去。郭图对自己谋略的失败，感到十分惭愧。他站在袁绍一旁，冷冷地说："张郃听说乌巢失利，十分高兴。他们二人这次出击曹营，一定没有出力。"袁绍一听，如火上加油，立即派人召张郃、高览来营问罪。高览知道去见袁绍没有好结果，便拔剑斩了传令士兵。张郃一见大吃一惊，高览说道："袁绍听信谗言，早晚必败于曹操，我们岂能坐着等死，不如去投奔曹操。"张郃也觉得只有走这条路了。于是两人带着本部人马直奔曹营。

留守大营的曹洪对张郃、高览两位的投降，惊疑不止，不敢接受，荀攸说："张郃愤怒他的计谋不被采用，前来归附，你担心什么？"曹洪于是迎接二人入营。曹操回营后，听说张郃、高览两位前来投降，十分高兴，立即封他们两位为将军。

一连串无情的坏消息，使袁绍兵团惊恐震撼，不知所措，军心惶惶，斗志涣散。许攸便劝曹操火速进兵，张郃、高览也请先打头阵，曹操同意了。当夜三更，三路出兵，袭击袁营。两军混战，袁军伤亡惨重。

　　曹操又同荀攸计议，扬言曹军已兵分两路。一路取酸枣，进攻袁绍大本营邺城；一路取道黎阳，断袁兵归路。袁军闻讯，霎时间，大营崩溃，官兵四散逃命。袁绍跟袁谭惊慌失措，来不及披甲，用丝巾包住头发，率领剩下的八百余骑兵北渡黄河。曹军一路追杀到河边，已来不及赶上；遂把袁绍大营里的辎重、图书、金银财宝，全部接收。袁绍残余部队向曹操投降，曹操下令全部坑杀。总计前后，曹军杀死袁兵七八万人，血流盈河。

　　沮授来不及追随袁绍渡河，被曹军俘虏。他大叫说："我不是投降，而是被擒。"曹操跟沮授原是老友，亲自出帐迎接他，说："我们所处的地区不同，因此无法来往，想不到今天把你捉住。"沮授说："袁绍不能用良策美计，自取失败的羞辱。我的才智不能施展，应该如此下场。"

　　"袁绍没有头脑，不用你的谋略，而今，天下战乱，仍然没有减少，希望能跟你共同磋商。"曹操恳切地说。

　　沮授说："我的叔父跟老弟的命脉，都握在袁绍手里，如果你看得起我，就请早日杀我，那才是我的福气。"

　　曹操叹息说："我如果早得到你，天下事不必担心！"命令把沮授释放，给予特别厚待。不久沮授图谋逃回北方，曹操只好把他处决。

　　曹操检查袁绍大营档案，发现不少许都朝廷官员，甚至军中若干将领写给袁绍表态降附的信件，曹操左右皆道：

　　"应该逐一查对姓名，把他们揪出来杀了！"

"我看算了。"曹操摆了摆手，"当时袁绍强过我，连我自己都不能自保，何况其他人呢！"

于是，下令把这些信件全部付之一炬，表示既往不咎。这一举动，极大地安定了人心。

建安五年（200），曹操在官渡之战中以少胜多，击败北方最大的军阀袁绍，巩固了自己在中原及北方的地位。这一年他46岁。

就在这一年，荆州刘表攻击长沙张羡，经年不能攻克，因而也无力响应袁绍，帮助袁绍在南面夹击曹操；而曹操也无力分兵来救自己的盟军张羡。后张羡因病逝世，部众拥立他的儿子张怿。刘表加强攻势，长沙、零陵、桂阳三郡于是全被攻破。至此刘表拥有土地数千里，武装部队十万余人。他渐渐自命不凡，对朝廷也改变了态度，不再进贡；而且自己在郊外祭祀天地，所居住的地方，所穿的衣服，跟皇帝的一样。

在西南，益州刘璋，愚昧无能，督义司马张鲁逐渐不受他控制，后竟出兵占领汉中（今陕西省南郑县），与刘璋对抗。

在江东，孙策去世后，孙权继位，拥有六郡，但地位并不牢固。本来曹操听说孙策逝世，打算趁大丧之际，军心动摇之时，大举讨伐江东。信御史张纮劝阻说："利用别人的丧事，不是古代的道义。万一不能攻克，反而化友为敌，不如更加厚待他。"曹操采纳，遂推荐并任命孙权当讨虏将军，兼辖会稽（今浙江省绍兴市）；又任命张纮当会稽郡东部都尉，辅佐孙权，并争取说服孙权归附朝廷。

袁绍自官渡逃到黎阳北岸，投奔将领蒋义渠军营。他一进大营，就握住蒋义渠的手说："我把人头交给你了！"蒋义渠立刻离开虎帐，请袁绍上座，发号施令。袁军残兵败将听到袁绍行踪，逐渐集结。袁绍为人，宽厚文雅，很有气度，喜怒不形于色，在北方还有很强的号召力。袁绍收集部分军士之后，派军出击冀州一些背叛的城池，又夺回了不少，河北（黄河以北）的统治权仍在他手里。

建安六年（201）春季，曹操把大军移往农产品丰收的安民（山东省东平县西南），以解决军粮问题；同时，又想利用袁绍刚被击败的时候，掉过头来攻击南面的荆州刘表。谋士荀彧却十分冷静，劝阻曹操说："袁绍刚刚吃了败仗，军心不稳，人心涣散，应该趁他们困苦之际，一扫而平。如果南征遥远的长江、汉水，万一袁绍收拾残余的灰烬，趁我们后方空虚，一举而入，大势将一去不返。"曹操听罢警醒，决定暂时不攻南方。

夏季，曹操为了震慑袁绍部队，沿着黄河，展示军威，并击破驻防仓亭（今山东省东阿县）的袁绍部队。

秋季，曹操回到首都许县。闻讯刘备受袁绍之命，侵扰汝南，便亲自率军进攻汝南。刘备不能抵抗，立即去荆州投靠了刘表。刘表听说刘备赶到，亲自到襄阳（今湖北省襄阳市）城外迎接，尊刘备为贵宾，增加他的武力，命他驻屯新野（今河南省新野县），以防曹操。曹操不再追击，随即班师。

此时已是深秋季节。曹操率大军，接连几天，人不下鞍，马不停蹄，急急往回行军。由于道路坎坷，又得不到充分的休息，行军速度一天天缓慢下来，曹操自己也感到疲乏不堪。

一天，曹操正策马缓行，忽听马前几个士兵在低声交谈，操的都是自己的故乡谯县口音。曹操感到分外亲切，便上前一步，和士兵们闲聊起来。

"你们几个是谯县人？"

"是的，主公。"

"离开多久啦？"

"报主公，他五年，我也快十年了。"

"家乡有什么消息？"

"没有，自从跟随了主公，东奔西走，和家里都断了线啦。"

"还想不想家？"

"这……"

"不用害怕，但说无妨。"

"报主公，是很想家，刚才大家还在说，死了，魂也要回家去。"

曹操像被触发了什么似的两条浓眉猛地耸动了一下，便不再问话。他闷声坐在马上，低头只见满目衰草，落叶遍地；抬头又见天色迷蒙，乱云飞卷。忽然长空传来一阵哀婉凄厉的鸟鸣声。曹操举目遥望啊，有几只失群的孤雁，排成一行短短的队形，急速地向南展翅飞行。

曹操禁不住触景伤怀，思绪万千。他想到鸿雁年年南来北往，长途飞行，历尽艰险，为的是找到温暖的安身之处；狐狸咽气之前，还要拼力挣扎，把头向着自己的巢穴；而自己却仿佛秋天的飞蓬一样，随风飘荡，再也回不到故茎老根了吗？自己 35 岁自陈留起步，现在已年近半百的人了，什么时候，能够重返家乡，哪怕看上一眼，睡上一觉，也值得啊。曹操再也按捺不住自己的思乡之情，便随口吟诵起来：

　　鸿雁出塞北，乃在无人乡，举翅万余里，行止自成行。冬节食南稻，春日复北翔。田中有转蓬，随风远飘扬，长与故根绝，万岁不相当。奈何此征夫，安得驱四方？戎马不解鞍，铠甲不离傍。冉冉老将至，何时返故乡？神龙藏深泉，猛兽步高岗。狐死归首丘，故乡安可忘！

　　到了宿营地，曹操仍然思绪起伏，便铺纸磨墨，挥毫狂草，笔势雄奇，情致万千，记下了自己途中的吟唱，这便是有名的《却东西门行》。

　　第二年正月，曹操率军回到了故乡谯县，便命部队休整三个月，同时，自己也好好看一看故乡，了却思乡之情。

　　刚进城，曹操兴冲冲地来到自己的家门，一看，野草丛生，瓦砾成堆，故园早已面目全非，连幼时经常爬的门前那棵大榆树也枯死了。他又在城里从东到西，从南到北，转了一整天，虽然乡音依旧，就是见不到一个熟人。街上行人稀少，市面冷落，全无当年的热闹。他好不容易碰见一些老人，问起自己幼时一起打猎行乐的朋友，许多人都只是摇头，有的说不认识，有的说早已不知去向。曹操正叹息间，忽然瞥见那天行军途中遇到的几个谯县士兵，却见一个个泪流满面，便上前询问。几个士兵呜咽着告诉他，征战在外时，他们做梦也在思念故土，想回家，可是真正回到家了，美梦变成了噩梦，得到的不是亲人团聚的欢乐，而是家破人亡的悲痛，经过这么多年的战乱，家中不是父母惨死，就是兄弟离散；不是妻子冻馁而死，就是子女不幸早亡。

面对这一切，曹操感慨万千。他回到军营，立即发表了一道《军谯令》。令中写道：

我起义兵，为天下铲除暴乱，不想故乡人民，差不多都死光了，我在乡里走了一天，看不到一个熟人，真使我悲痛伤心。

现在决定：自我起义兵以来，将士死亡没有后代的，就找他们亲属作为后代，把田分给他们，并由官府配给耕牛，设立学校，请教师教育他们。要给死亡将士建立祠堂，让他们的后代祭祀祖先。这样，如果魂而有灵，我百年以后，也就不感到十分遗憾了。

军令颁布以后，曹操觉得心里稍稍得到了一些安慰，在离开家乡之前，他又想到了年轻时代曾拜访过的桥玄，他派人四处打听消息，方知桥玄已去世多年。曹操连连叹息，便写了一篇很长的祭文，怀念桥玄，感谢他对自己的赏识和荐举，使他从一个无名之辈很快被世人所知，祭文中写道："……我在幼年就跟您亲近，只是以我愚钝的资质，却受到您这大名人的接待。给我增加了光荣，使我提高了身价，您又曾从容地和我约定：'我死去以后，你要是路过我的墓前，不用一斗酒一只鸡祭祀我，车过三步叫你肚子痛，不要怨怪。'这虽然是当时开玩笑的话，但是如果不是最亲密诚实的朋友，怎么肯说这样的话呢！现在祭祀您，不是怕您显灵生气，使我生病，只是思念以前的老交情，心中悲伤啊。"于是派人带了祭文和丰厚的祭品，到谯阳桥玄墓前隆重地祭祀了一番。曹操率军在谯县休整以后，再度北上，进驻官渡，准备伺机向袁绍的老巢——邺城进军。

第五章　临海赋诗

一、远征乌桓

官渡一战，曹操势力大增，加之袁绍败回邺城后，不久便积郁成疾，发病而死。这样，便为曹操进一步统一北方提供了有利时机。他早已夺占青州，此时又先后占领冀州、幽州与并州。那个时候，袁绍的儿子袁尚投靠乌桓，企图借助乌桓的力量恢复袁氏在河北的统治。

为了彻底消灭袁氏残余势力，统一北方，曹操积极准备远征乌桓。

乌桓，也叫乌丸，它和鲜卑原是东胡（东北方诸族）中两个比较大的部落集团。西汉初年，东胡被匈奴击败，逃避到乌桓山的一支，从此号称乌桓。乌桓人遭受匈奴奴隶主贵族的残酷压迫和掠夺，被迫每年定期贡献牛马及兽皮，过时不交，妻子便被没为奴婢。武帝元狩四年（前119），霍去病大败匈奴左贤王兵，将乌桓人迁徙到上谷、渔阳、右北平，辽东和辽西五郡境外居住，设置"护乌桓校尉"一职，持节代表朝廷加以监护和管辖，使乌桓断绝同匈奴的往来，并负责为朝廷侦察匈奴动静，还规定各部大人（首领的称呼）每年朝见汉朝皇帝一次。

乌桓摆脱了匈奴奴隶主贵族的统治，密切了与中原地区的交往，社会经济得到了恢复发展，逐渐由原始公社制向奴隶制过渡，乌桓各部大人也逐渐贵族化。新兴的乌桓奴隶主贵族开始恃强凌弱，并背叛汉朝，不断发动侵扰边境的战争。东汉初年，乌桓常与匈奴联盟，对汉朝沿边各郡多次杀掠，使郡县损坏，人民流亡，其中尤以代郡以东所受损害最大。光武帝放弃以武力征伐的政策，以币帛招服乌桓，乌桓重新归附汉朝。建武二十五年（49），光武帝封辽西乌桓大人郝旦等大小酋长 81 人为侯王、君长，让他们率部入居塞内，为东汉侦察匈奴、鲜卑的动静。东汉在上谷宁城复置护乌桓校尉，管理乌桓和鲜卑。此后，在相当长一个时期内，乌桓和内地的汉族互通贸易，相安无事。

东汉末年，乌桓的势力逐渐强大起来。灵帝初年，上谷乌桓大人难楼、辽西乌桓大人丘力居自称为王，接着辽东乌桓大人苏仆延自称峭王，右北平乌桓大人乌延自称汗鲁王。其中以辽西乌桓的势力为最强。中平四年（187），中山太守张纯叛入乌桓，自号弥天安定王，为各郡乌桓元帅，联络辽西乌桓丘力居等寇掠青、徐、幽、冀四州。次年，汉朝以刘虞为幽州牧，出赏招募胡人杀死了张纯，北边暂时又安定下来。

献帝初平年间，丘力居死，其子楼班年少，其侄蹋顿因有武力谋略，得到各部拥护，成为辽东、辽西和右北平三郡乌桓的首领。不久，又把势力扩展到上谷乌桓。

建安元年（196）以后，袁绍和公孙瓒连年争战不休，蹋顿派遣使者同袁绍和亲，并派兵帮助袁绍。建安四年（199），袁绍打败公孙瓒后，为了酬答乌桓上层对他的帮助，也为了进一步拉拢乌桓，假托献帝名义，封蹋顿为乌桓单于，封辽东乌桓大人峭王苏仆延为左单于，右北平乌桓大人汗鲁王乌延为右单于；并以宗亲之女当作自己的女儿，嫁给乌桓单于为妻。又因阎柔从小生活在乌桓和鲜卑中，得到乌桓人信任，袁绍又对阎柔加以拉拢，让他为安定北部发挥作用。

不久，由于丘力居的儿子楼班逐渐长大，上谷郡乌桓大人难楼和苏仆延率其部众推奉楼班为单于，以蹋顿为王。但由于蹋顿颇多计谋，仍然掌握着大权。

曹操同袁绍相持于官渡时，阎柔遣使与曹操通好，曹操仍以阎柔为护乌桓校尉。但三郡乌桓仍继续为袁氏出力，并无归附曹操之意。

曹操占领平原，将进军南皮攻打袁谭时，柳城乌桓曾想派出骑兵援助袁谭。因牵招曾担任过乌桓突骑的职务，比较熟悉乌桓情况，曹操派他去柳城对乌桓做分化瓦解的工作。牵招来到柳城，见峭王苏仆延正准备行装，将派遣五千骑兵去援助袁谭。这时辽东太守公孙康自称平州牧，也派韩忠拿着单于印绶前来，企图拉拢峭王。峭王大会部众，韩忠、牵招均在座。峭王问牵招：

"过去袁公说是奉天子之命，让我做了单于，现在曹公又说要重新禀报天子，让我做真单于，辽东这会儿又拿了单于的印绶来，我到底该听谁的呢？"

牵招不慌不忙地回答：

"过去袁公秉承皇帝旨意，所以对您有所拜受，后来出现过错，天子命曹公代理，所以曹公说要重新禀报天子，授给您真单于的印绶，这是不错的。至于辽东，不过是一个小郡，怎能擅自拜受呢？"

牵招因原为袁绍部属，投归曹操不久，说起袁绍来用词比较委婉。而对辽东公孙康，牵招可就不客气了。韩忠起来辩解，牵招予以呵斥，说到激烈处，竟起身抓住韩忠头颅，往地上猛磕，并拔刀准备将韩忠杀死。峭王十分惊恐，还没有来得及穿鞋，便跑上前来抱住牵招，让他放手，牵招这才放掉韩忠，回到座上，为峭王详细陈说利害。峭王等人下席跪伏，表示接受劝告，不再援助袁谭。

曹操这一着棋走得很成功，为他比较顺利地解决袁谭创造了条件。但这不等于彻底解决了乌桓的问题。乌桓中蹋顿势力最强，过去也特别受袁绍优待，同袁氏的关系特别深。袁熙被曹操打败后，即与其弟袁尚投奔辽西，依附蹋顿，企图借助蹋顿的力量与曹操抗衡，伺机卷土重来。他们逃奔时，同时裹胁走了幽、冀两州的军民十余万户；加上此前乌桓在幽州掳掠的十余万户汉民，总数达到二十余万户。在这些汉人中，既有农民，也有各行各业的手工业工人，他们为乌桓从事各种农业和手工业劳动，这就更加强了乌桓的力量。蹋顿屡次乘势侵扰汉朝边塞，并曾大规模出兵攻击曹操所置的右度辽将军鲜于辅于犷平，被曹操率军击败。

　　曹操深知，不征服乌桓，不扫除袁氏残余势力，北边的局势就不可能真正稳定下来。但远征乌桓也并不是一件容易的事情，须在人力、物力各方面做好充分的准备。为此，他首先接受董昭的建议，动用大批民工开凿了两条水渠，一条是平虏渠，一条是泉州渠。

　　平虏渠上起滹沱河，下入泒（音姑）水，即今河北青县至独流镇间一段南运河的前身。泉州渠上承潞河，从泃河口凿入，下入鲍丘水，合口处在今天津宝坻境内，因渠道南起泉州县境，故名。这样，泉州渠、平虏渠通过滹沱河、清河同建安九年（204）开通的白沟连在一起，成为一条贯通南北的水道，不仅解决了远征中紧迫的军粮运输问题，对两岸的农业灌溉也带来了一定的好处。

　　建安十二年（207）二月，曹操从东征管承的前线指挥所终于回到邺城，在大封功臣之后，便召集手下文武商讨北征乌桓的问题。不少将领对北征表示担心，说：

　　“袁尚不过是一个逃亡者，乌桓贪婪成性，六亲不认，怎么能被袁尚利用呢？我们出兵深入乌桓，在荆州的刘备必然劝说刘表袭击许都，万一真的发生变故，到时后悔可就来不及了！”

　　只有郭嘉力排众议，极力主张远征。他分析说：

　　“曹公虽然威震天下，但乌桓仗着离我们很远，必然没有防备，我们可以乘其不备，发动突然袭击，这样肯定可以将其一举歼灭。过去袁绍有恩于乌桓，现在袁尚兄弟又留在那儿，对我们来说这终究是一个隐患。再说，现在青、冀、幽、并四州的人，只是迫于形势归附了我们，并没有得到我们多少好处。如果我们舍北而征南，袁尚就会借助乌桓的力量，招纳旧部，一呼百应，使蹋顿产生入侵的野心，这样一来，恐怕青、冀二州就将不再属于我们了。刘表这个人，不过是一个清谈客罢了。他对刘备所抱的态度是矛盾的：重用刘备吧，怕控制不住刘备；不重用吧，刘备又不肯真心实意为他出力。因此，即使我们动用全部军队远征乌桓，刘表也不会有大的举动，曹公不必为此多虑！"

曾经主张大力屯田的护军韩浩，也赞成远征。本来，领军史涣认为远道深入乌桓不是万全之策，想邀约韩浩一起向曹操进谏，韩浩却说：

"现在我们兵力强盛，四方震动，攻防无不得心应手。如果不趁这时远征乌桓，除掉此患，将会留下后忧。何况曹公神勇，一举一动总是考虑得很周到，我们不应该在这个时候去泼冷水！"

郭嘉、韩浩等人的意见，实际上说到了曹操的心坎上。曹操听后，也就不再迟疑，决定尽快率军北征。

经过一番准备，曹操统领大军出发，于五月间来到易县。这时郭嘉又建议说：

"兵贵神速。现在我军袭击千里之外的敌人，辎重太多，行动迟缓。如果敌人得到消息，必然预做防备。不如留下辎重，轻装快速前进，以出其不意打击敌人。"

曹操觉得这个意见很重要，立即下令留下辎重，轻装疾进。部队很快来到无终。

曹操本来计划从无终沿着渤海，取道今山海关一线前进。但过无终后，时令进入七月，连日大雨不止，滨海地区地势低洼，大水横流，滥泥淤积，给行军造成很大困难。而乌桓兵得知曹军进击的消息，在险要处一一设防扼守，曹军沿途不断遭到阻击。这样一来，曹军几乎陷入了寸步难行的困境。

曹操临从邺城出发时，曾有一个人前来求见，要求为曹操充当向导。这个人名邢颙，字子昂，河间郡鄚县（今河北省任丘市鄚州镇）人。曾追随无终人田畴到徐无境内的徐无山避乱五年。曹操平定冀州后，他觉得曹操法令严明，老百姓二十多年来受够了战乱之苦，已经乱够了，现在该太平了，于是告别田畴，回到了故乡。得知曹操北征的消息，前来投附，曹操任命他为冀州从事，随军北上。邢颙又向曹操介绍了田畴的情况，建议征召田畴。曹操感到眼下正需要田畴这样的人物，于是派遣使者前去征召，接着又命田豫前往，向田畴表达了自己的期盼之情。

田畴字子泰，好读书，善击剑。初为幽州牧刘虞从事，刘虞被公孙瓒杀害，他也遭到拘禁。获释后，他率领数百宗族家人，避乱徐无山中，远近百姓纷纷前往归附，数年间发展到五千余家。田畴兴建城邑，建立法度，兴办学校，整顿社会风气，影响越来越大，连北边的匈奴也表示敬服。袁绍父子多次派人请他出山，并授给他将军印绶，都被他拒绝。

田畴对乌桓一再侵扰内地、残杀本郡士人的行径非常痛恨，早有起兵讨伐乌桓的想法，只是嫌力量不够。因此，当曹操派人前来相邀时，他不仅非常爽快地答应了，而且吩咐门生赶紧准备行装上路。门生无不感到意外，问他：

"过去袁公仰慕先生，多次派人前来邀请，您都一口回绝。今天曹公使者刚来，您就唯恐去得晚了，这是怎么一回事呢？"

田畴微笑着回答说：

"这不是你们所能理解的！"

田畴随着使者来到军中。曹操非常高兴，当天就任命他为司空户曹掾。司空户曹掾为司空属吏，曹操所置，比三百石，第七品。可是，曹操在同田畴做了一番交谈，对田畴有了更深入的了解后，第二天又下了一道手令：

田子泰非我所宜吏者。

意思是，田畴的才能和志向都非常突出，我任用他做属吏是不恰当的，而应当让他担负更为重要的责任，以充分发挥其作用。于是，重新推举田畴为茂才，并任为蓨（tiáo）令，但暂不到任，仍然随军北征，一起来到了无终。

如今军队陷入无法前进的困境，曹操内心很焦急，便把田畴请来，同他商量此事。田畴是无终人，因此十分了解当地的情况，当下建议说：

"沿海这条路，夏秋季节经常要被水淹，浅的地方不能通过车马，深的地方又不能通过舟船，这种局面已经持续很长时间了。过去右北平郡治在平冈时，有一条从卢龙塞通向柳城的路。这条路在光武帝建武年间就已毁坏，到现在已快两百年了。不过我知道还有一条小路可以通行。

现在乌桓以为大军在无终被阻，不能前进，必然放松戒备。如果我们立即回军，悄悄从卢龙口走小路插过去，乘敌人不备发动突然袭击，蹋顿是完全可以不战而擒的。

"'平冈'也作'平刚'，西汉时为右北平郡的治所。当时幽州有一条通向东北塞外的交通要道，路线是经无终、徐无，循着濡水河谷出塞，再折向东边趋向渝水流域。自东汉初将右北平郡的治所迁到土垠后，这条路也就随之毁坏断绝，不仅荒无人烟，连知道的人也很少了。因此，从这条路率轻骑出击，确实可以出其不意。"

曹操听罢田畴的意见，喜形于色，当即高喊了一声："好！"于是立即下令退军，同时派人在路旁立下一块迷惑敌人的大木牌，上面写道："方今夏暑，道路不通，且待秋冬，再行进军。"

乌桓骑兵见了，立即回去报告了蹋顿，蹋顿信以为真，将一颗悬着的心放了下来。

曹操让田畴带着他的手下人做向导，领着大军上了徐无山，出了卢龙塞；塞外道路不通，下令士兵开山填谷，一共开山填谷五百多里，途经白檀、平冈及鲜卑人所居住的地区，向东直逼蹋顿的大本营柳城。离柳城只有二百多里地了，蹋顿才得知消息，慌忙与袁尚、袁熙兄弟及辽西乌桓单于楼班、右北平乌桓单于乌延等人聚合了数万骑兵迎敌。

八月间，曹军越过白狼堆，到达山下的凡城时，突然同蹋顿的联军相遇。当时蹋顿人马众多，而曹军辎重都在后面，身上穿有铠甲的人很少，面对这种情况，不少人害怕起来。曹操命部队先稳住阵脚，暂勿进攻，自己登上高处观察敌军阵势。只见敌军人数虽多，但因是临时凑合，仓促应战，阵容很不整齐。张辽意气风发，斗志昂扬，劝曹操立即出击。曹操当即将自己指挥作战的旌旗交给张辽，命他充任先锋，率众出击。

张辽得令，立即组织部队，一马当先，向敌发起冲锋。士兵受到鼓舞，个个奋勇当先，排山倒海般向敌军冲去。蹋顿联军受到猛烈攻击，不能抵挡，顷刻四散。曹军乘胜追击，杀敌伤敌无数。蹋顿在逃跑时，被曹纯的部骑截获，当即斩首。曹军继续扩大战果，等到战斗结束，不仅彻底打垮了敌军，而且使汉族和少数民族的二十余万人投附、归降。二袁兄弟、楼班、乌延、苏仆延及辽西、右北平两郡的许多乌桓酋豪无法再在本郡立足，带着数千骑兵逃往辽东郡，投靠辽东太守公孙康去了。

此前，辽东太守公孙康自恃远离中原，不服从朝廷管辖。其父公孙度在世时，曾自立为辽东侯、平州牧。曹操企图拉拢他，表荐他为武威将军，封永宁侯，谁知公孙度不领情，说："我要做的是辽东王，封我个永宁侯干什么？！"建安九年（204），公孙度死，公孙康即位，把永宁侯的爵位让给了其弟公孙恭。这时，有人劝曹操乘打败乌桓的势头，远征辽东，捉拿袁氏兄弟。曹操回答说："我要让公孙康把袁尚、袁熙的首级斩了给我送来，用不着再劳动大军前去远征了！"

曹操下令部队在柳城稍事休整。部队情绪热烈，曹操也很高兴，将蹋顿的头颅拴在马鞍上，自己骑在马上鼓掌欢呼。

九月，曹军从柳城班师南还。南还时，曹军同时把被乌桓掠去和逃亡塞外的十余万汉人带回内地，把辽东、辽西、右北平三郡乌桓一万余落、十余万户乌桓人迁入关内；还挑选了一些健壮的乌桓骑兵编入军中，由他们的侯王大人率领，随同到各地打仗。这些乌桓骑兵后来在战争中做出了很大贡献，赢得了"天下名骑"的称号。后来，随着岁月的流逝，迁入内地的乌桓人，包括乌桓骑兵在内，逐渐与汉族融合。少数留居塞外的乌桓人，不久即被鲜卑人征服。

不出曹操所料，曹军自柳城班师南还不久，公孙康就杀了袁氏兄弟及苏仆延、楼班、乌延等人，并特地派人送来了这几个人的首级。部下不少人对此大惑不解，忍不住问曹操："您刚从柳城撤兵，公孙康就把二袁的头送来，这是什么原因呢？"

曹操微笑着答道：

"公孙康一向对袁尚等人心怀疑惧，假如我们攻得急了，他们就会联合起来对付我们；如果我们暂时不去进攻，他们就会自相残杀起来，二袁被杀也就必然了。"

大家听了，恍然大悟，无不表示佩服。事实确如曹操所分析的那样。当袁氏兄弟逃到辽东时，公孙康担心曹操来攻，就暂时接纳了二人。后见曹操并不来攻，而且在攻占柳城后很快撤军，顿时感到对自己的威胁不是来自曹操，而是来自近在咫尺的袁氏兄弟。他担心袁氏兄弟夺走自己的地盘，决定设计将其除掉。这天，他邀约袁氏兄弟前来赴宴，准备在席间动手。袁尚自恃手下还有数千骑兵，自己又颇有些勇力，并不把公孙康放在眼里。行前他与袁熙密谋说:"今天我们到公孙康那儿,可以在席间当场把他杀掉,然后占据辽东郡,再慢慢发展势力。"

双方可谓"不谋而合"。来到公孙康客厅门前,袁熙有些迟疑,不敢进去,袁尚强拉着一起走了进去。还未落座,公孙康一声断喝,预先埋伏好的武士一拥而上,将两人按住,用绳子紧紧地绑了,扔在地上坐着。袁尚冻得浑身发抖,忍不住对公孙康说:

"我人还没死,冷得实在受不了,能不能给我们拿张席子垫在地上?"

公孙康冷笑一声:

"你脑袋都要被割下来送到远处去了,还要席子干什么?"

于是下令将二袁斩首,将首级割下送给曹操,以表示归附。曹操即任公孙康为左将军,封襄平侯。

曹操平定三郡乌桓,消灭袁氏残余势力,又不战而使辽东归附,表明他在中原地区进行的兼并战争已经取得最后胜利,除关陇地区外,北方已处于他的直接控制之下。自董卓之乱以来,中原地区人民饱受战乱之苦,社会生产力遭到严重破坏,曹操统一中原,结束了长期纷争混战的局面,使人民重新过上了较为安定的生活,这对于社会经济的恢复和发展,无疑是有重大意义的。北方经济的恢复和发展,对支援曹操后来进行的统一战争,发挥了重要的作用。

二、东临碣石

　　曹操从柳城班师，回来走的是南线。归途中，他诗兴大发，写下了组诗《步出夏门行》。全诗共分五个部分，最前是"艳"（序曲），下面依次为《观沧海》《冬十月》《土不同》和《龟虽寿》四章。四章或称四解，均可独立成篇。"艳"云：

　　云行雨步，超越九江之皋。临观异同，心意怀犹豫，不知当复何从。经过至我碣石，心惆怅我东海。

　　"云行雨步"，意指大雨滂沱，语本《周易·乾·文言》："云行雨施。""九江"，原指洛阳夏门附近的九江。《水经注》："大夏门，故夏门也。门内东侧际城有魏文帝所起景阳山，山之东旧有九江。"这里泛指各处江河。"皋"，水边高地。"临观"二句，谓亲自前往观察水势地形，对于大军或进或退的不同意见，一时难以定夺，心中不免犹豫起来。"碣石"，指碣石山，在今河北昌黎县北十五里，秦皇岛市区西南四十五公里，现东距渤海仅约十五公里；主峰仙台顶海拔 695 米，登上主峰，犹如身临霄汉，举目环顾，海光山色，尽收眼底，为古今观海胜地。秦始皇于三十二年（前 215），汉武帝于元封元年（前 110）先后东巡，均曾在此登临。"东海",古代所指不一,这里即指渤海。这个序曲,概括地叙写了曹操北征乌桓途中所遭遇的困境和此时登临观海的心情,为下面进一步展开叙写作了一些必要的铺垫和交代。

第一章《观沧海》:

东临碣石,以观沧海。水何澹澹,山岛竦峙。树木丛生,百草丰茂。秋风萧瑟,洪波涌起。日月之行,若出其中。星汉灿烂,若出其里。幸甚至哉,歌以咏志。

首二句交代观海的地点,次六句描写登山观海时所见到的自然景物,抓住大海平静时和起风时的状态、海边山岛巍巍耸峙的雄姿及草木繁茂的景象予以大笔勾勒,构成了一幅色调苍茫、气象雄伟的图画,展示了诗人热爱壮阔河山的情怀。"日月之行"四句,通过丰富的想象,写出了大海吞吐日月、含蕴群星的壮阔气势,寄寓了诗人的胸襟、抱负和豪情。最后两句,为入乐时所加,与正文内容无关,其他章都有。本篇是建安诗中通篇写景的唯一作品,也是我国诗史上现存的第一首完整的写景诗(或山水诗)。此前,虽然在我国的第一部诗歌总集《诗经》中,景物描写已随处可见,但涉笔所及,大都止乎一草、一木、一水、一石,钱锺书先生因此曾"窃谓《三百篇》有'物色'而无景色"。到了《楚辞》,渐有发展。到了建安,叙景已多,日甚一日",最后终于由曹操站出来完成了"集大成"的历史使命,为开启后世山水诗、写景诗的繁盛局面,起了重要的推动作用。

第二章《冬十月》：

孟冬十月，北风徘徊。天气肃清，繁霜霏霏。鹍鸡晨鸣，鸿雁南飞。鸷鸟潜藏，熊罴窟栖。钱镈停置，农收积场。逆旅整设，以通贾商。幸甚至哉，歌以咏志。

这首诗写于初冬十月，时间比前首稍晚。前八句写初冬的气候和景物。"鹍鸡"，鸟名，形状像鹤，羽毛黄白色；北风刮个不停，严霜又厚又密，鹍鸡晨鸣，大雁南飞，猛禽藏身匿迹，熊罴入洞安眠，肃杀严寒中透出一派平和安宁。中四句写人事。钱、镈两种农具名，这里泛指农具。"逆旅"，客店。农具已经闲置起来，收获的庄稼堆满谷场，旅店正在整理布置，以供来往的客商住宿，这是一幅多么美妙的图景！诗篇反映了战后局部地区人民过上的安居乐业的生活，及诗人要求国家统一、政治安定和经济繁荣的理想。朱乾说："《冬十月》，叙其征途所经，天时物候，又自秋经冬。虽当军行，而不忘民事也。"（《乐府正义》卷八）在一定程度上触及了本诗的作意。

第三章《土不同》：

乡土不同，河朔隆冬。流澌浮漂，舟船行难。锥不入地，菅籁深奥。水竭不流，冰坚可蹈。士隐者贫，勇侠轻非。心常叹怨，戚戚多悲。幸甚至哉，歌以咏志。

诗篇又题作《河朔寒》，描写河朔（黄河以北）地区隆冬季节的景象，在写作时间上又比前首要晚。结构与前首大体相同。前八句写景：黄河以北的地区到了深冬，河里漂浮着冰块，舟船难以开行。地冻得锥扎不进，田地荒芜满地干枯厚密的蔓菁和蒿草。河水冻结，不再流动，河面上坚冰覆盖，人可以在上面行走。曹操回师进入冀州地区后，天寒且旱，连续行军二百里都没有碰到水，军粮也所剩无几。部队只得杀马充饥，共杀死数千匹马；同时打井取水，结果凿地三十余丈才将水找到。诗中所描写的，正是这一极其艰难的情景。中四句叙事兼抒情："士隐者贫"，有识之士所忧痛的是贫困（一说，"隐"为隐居之意）；"勇侠轻非"，而勇武好斗的人却不把犯法当成一回事。诗人常常为此叹息怨恨，心中充满了悲伤和忧愁。行军艰苦，诗人只是轻轻带过；而河北地区割据势力虽已被彻底消灭，但民生凋敝的情景却依然如故，民风好斗，社会秩序也还很不安定，使诗人感到心情沉重，情不自禁形诸笔墨，体现了诗人"忧世不治"的情怀。

第四章《龟虽寿》：

神龟虽寿，犹有竟时；腾蛇乘雾，终为土灰。老骥伏枥，志在千里；烈士暮年，壮心不已。盈缩之期，不但在天；养怡之福，可得永年。幸甚至哉，歌以咏志。

诗篇具体写作时间不详，但很可能即为组诗的压卷之作。表现手法与前三首很不相同，前三首借景抒情，融情入景，这首诗却是运用传统的托物寄兴手法，通过对具体、特定的客观事物的描述和评价，达到述理、明志和抒怀的目的，使哲理与诗情在具体的艺术形象中实现了完美的结合。前四句连用了两个比喻，说明人生不免一死。"神龟"和"腾蛇"都是传说中的神物，"神龟"以寿命长见称，典出《庄子·秋水》："吾闻楚有神龟，死已三千岁矣。""腾蛇"以本领大著世，典出《韩非子·难势》："飞龙乘云，腾蛇游雾，云罢雾霁，而龙蛇与螾（蝇蚁）同矣，则失其所乘也。"连传说中的灵长之物都不免有灰飞烟灭的时候，人的死亡就更是不可避免的了。次四句，展示自强不息的精神气概。"老骥"，指已衰老的千里马。千里马因衰老而蹲伏在马棚中，但它形衰而志不减，胸中仍然激荡着驰骋千里的壮志豪情，就像积极建功立业的志士虽然到了老年，但其雄心仍然不会消沉一样。四句莽莽而来，突兀而起，笔力劲健，句挟风雷，使横槊赋诗、激昂慷慨的诗人形象跃然纸上，胸襟、抱负和豪情得到了充分的披露，鼓舞了后代无数英雄志士，引得他们为之击节赞赏不已。最后四句，以娓娓道来、如叙家常的文字，倾吐善自保养以延年益寿之意。"盈缩"，这里指人寿的长短；"养怡"，犹养和。曹操这年53岁，已渐渐进入了"暮年"。他虽然在统一北方的战争中已取得了巨大的胜利，但他清醒地认识到，大业未竟，任重道远，应当乘胜前进，不断进取。正是在这种思想支配下，他写出了《龟虽寿》这首诗，抒发了自己老当益壮的襟怀，表达了不信天命、重视人力的积极见解，从而在如何对待人生的问题上，奏出了一曲高亢激越的乐章。

组诗抒发了曹操班师途中的所见所闻、所思所感，内容是丰富的，情感是复杂的。

慑于远征乌桓的声威和影响，这年十一月当曹操班师到达易水时，代郡乌桓代理单于普富卢、上郡乌桓代理单于那楼率领手下数名王前来拜贺，表示归附。从此，绝大多数乌桓都臣服于曹操，对形成北方边境的安定局面产生了积极作用。

班师途中，也出现了一件使曹操十分伤感的事，这就是他的重要谋士郭嘉病死了，年仅 38 岁。郭嘉病重时，曹操派去看望的人往来不绝，死后，亲临吊唁，十分悲痛。他对荀攸等人说：

"你们的年纪都和我差不多，只有郭奉孝的年纪最小。我本来打算等天下平定后，把身后的事情托付给他，却没料到他中年夭折，这难道是命中注定的吗？"

接着，曹操上表献帝，请求给郭嘉增加封赏。

表文中说，奖励忠臣，尊崇贤士，不一定限于本人，追念一个人的功绩，恩惠可以加给他的后代，并援引了春秋时楚国令尹孙叔敖死后，楚庄王以寝丘四百户封给其子，东汉时光武帝的大将岑彭死后，光武帝将其长子岑遵和次子岑淮均封为侯的史实为例。接着，褒扬了郭嘉德行的卓异、智慧的渊深、品性的美好，并特别列举了郭嘉随军十余年来在东擒吕布、西灭眭固、平定河北及扫荡乌桓等历次战事中所发挥的作用，对其一生功绩做了高度评价。最后，要求增加郭嘉封邑，在此前封洧阳亭侯、邑二百户的基础上，再追赠八百户，一共一千户，以此鼓励生者、激励后人。郭嘉其人，深谋通变，善于筹划，洞达事理。曹操对他非常信任，视为"奇佐"，以至"行同骑乘，坐共幄席"，须臾不可离开，并曾说："只有郭奉孝最了解我的心意！"这篇表文，也算是曹操对于郭嘉的知人之谈。

当初，郭嘉是由荀彧推荐给曹操的，因此，曹操又给在许都的荀彧先后写了两封信，对郭嘉的才干和忠诚给予了热情的赞扬，对其死表示了沉痛的悼念。

建安十三年（208）正月，曹操回到邺城。回顾这大半年来所经历的种种艰难险阻，曹操不禁感到有些后怕。一天，他下令清查北征乌桓前对这次军事行动进行谏阻的人，并将他们集中起来。众人不知曹操要干什么，个个心里都像揣了个小兔子，紧张得不得了。谁知曹操不仅没有责备众人，反而一一予以厚赏，十分动情地说：

"我这次远征，实在是一次很冒险的举动，虽然侥幸取得了成功，是老天帮了我的大忙，所以只能偶尔为之，不能经常如此。你们当初劝阻我，所贡献的是万全之策，所以今天我要厚赏你们。从今以后，你们心中有什么想法，不用担心，都可以通通讲出来。"

众人听了，转忧为喜。可以说，曹操从一个独特的角度，对北征乌桓的军事行动做了总结。

第六章　刘备寻贤

一、徐庶荐贤

话说刘备和曹操一起灭了吕布之后，受曹操推荐，被汉献帝任命为左将军。汉献帝为了建立自己的势力，还排了排辈分，尊称刘备为皇叔。这个"皇叔"当然要帮助"皇侄"争天下，意图对曹操不利，结果被曹操察觉，不得不逃之夭夭。

几经周折，刘备如丧家之犬，逃到荆州依附刘表，被刘表派往新野驻扎。刘表的大舅子蔡瑁对刘备始终心怀顾忌，把刘备看作眼中钉、肉中刺，必欲除之而后快，于是设下"鸿门宴"，意欲加害刘备。刘备跃马檀溪，总算逃得一命。

荆州有一位贤士名叫徐庶，听说这些事情后，一方面鄙视刘表集团不能容人；另一方面对刘备的遭遇深感同情，遂动了侠义心肠，到新野去投奔刘备，辅助他干一番事业。

刘备与徐庶会谈后，很欣赏他的才华，当即拜他做了军师。

当时正赶上曹操派夏侯惇、于禁带领三万兵马杀奔新野来了，徐庶利用诱敌深入之计，使曹军几乎全军覆没。镇守樊城的曹洪不服气，带兵前来报仇，摆了个八门金锁阵。谁知徐庶不但轻而易举破了阵，还略施小计，连曹洪的老窝樊城也端了。两仗下来，徐庶的大名就威震曹营了。

刘备一生还没有打过如此漂亮的仗，对徐庶信服得五体投地，大宴三天为徐庶庆功。徐庶诚心诚意地说："我这点儿本事算不了什么。荆州比我高明的人还多着呢！襄阳城西的隆中山，就有一位高人隐居在那里，人称'卧龙先生'。"

刘备兴冲冲地问："这位'卧龙先生'，比军师如何？"

徐庶说："他平时自比管仲、乐毅，依我看，他可以比作兴周八百年的姜子牙，旺汉四百载的张子房。"

刘备一听，又惊又喜，忙对徐庶说："此地有这样的高人，我哪敢错过？！烦劳军师辛苦一趟，把'卧龙先生'请来一聚吧！"

徐庶摇摇头说："真正的高人，只能诚心礼聘，不能言语召唤。如果主公想见他的话，应该亲自去才行，至于他肯不肯出山辅助主公，那就要看您的诚意和造化如何了。"

刘备一想，此言有理，当即决定亲赴隆中礼聘诸葛亮。

诸葛亮本是琅邪人，出身名门世族，身上有先祖遗风。在诸葛亮幼小时，生母章氏就不幸病故了，上有比他大五岁的哥哥诸葛瑾和两个姐姐，下面有一个弟弟诸葛均。为了抚育孤息，父亲又娶了一个妻子。大约诸葛亮八岁时，父亲诸葛珪去世了，一家子的生活也就只有依靠叔父诸葛玄来安排料理了。大约在诸葛亮14岁那年，叔父诸葛玄被扬州军阀袁术任命为豫章（今江西南昌）太守。本来太守是朝廷任命的，但当时军阀割据，控制淮南一带的袁术便自行任命太守了。诸葛亮和弟弟诸葛均随同叔父到了豫章。

可是不久，东汉朝廷派朱皓来接替诸葛玄，而且朱皓还带了兵来，准备强行接任。诸葛玄势单力孤，只得匆匆撤离。家乡是回不去了，诸葛玄就带着诸葛亮兄弟前往荆州去投靠老朋友刘表。

经受了战乱之苦，使诸葛亮产生了铲除群雄、平定战乱、统一天下的伟大抱负。但他也知道，要实现人生抱负，必须有担当重任的才能，所以，他移居隆中，为自己找一个好的环境来从事躬耕、苦读。

隆中是一个山清水秀、又很幽静的地方，有名的沔水从北面缓缓流过。从一个不大的谷口进去，再走三四里山路，便是隆中村。史书记载说，诸葛亮在这个山村里"结草庐而居"，还亲自耕种过田地。因为这时的诸葛亮无家资财产，生活来源没有保障，除倚仗亲友的接济外，只能不时地亲自参加农业劳动，以补衣食的不足。

诸葛亮无疑是个天才。他学究天下，兼通儒道之术；他高瞻远瞩，能对天下形势做出正确的分析、预测和决策；他身在隆中，心系海内，以其政治家特有的敏锐，通过各种途径、各种人物捕捉天下局势的每一个细小的变化；以他思想家特有的深邃，根据捕捉到的信息，分析预测天下的未来走势。

刘备之所以求贤若渴，是有深刻的政治原因的。在当时军阀割据势力中，刘备名声很大，实力却很小。刘备的远祖是西汉景帝刘启的儿子中山靖王刘胜。刘备虽身为这支皇族的后代，但当时也穷得靠卖草鞋、编草席过日子。

在镇压黄巾起义时，刘备结识了关羽、张飞等勇士，组织了一支军队。后来，刘备又同吕布、袁术、曹操等人争夺徐州。但是，由于他的力量太小，又缺乏得力的智谋之士辅佐，所以始终没有自己的地盘，一直被各派军阀追赶得东奔西逃。他先后依附于公孙瓒、陶谦、曹操和袁绍。袁绍被曹操打败后，他又南逃到荆州投靠刘表。刘表嫌他名气太大，对自己不利，便把他派到新野这个小地方，让他防备曹操南下。

刘备回顾十多年来节节失利的情况，逐步认识到，要改变被动挨打的局面，必须取得固定地盘，并招纳天下各方人才，唯有这样才能站稳脚跟，有所发展。

二、三顾茅庐

徐庶在庆功宴上推荐诸葛亮后，急忙写了一封详尽的信，派人连夜送往隆中。

刘备尝到了起用人才的甜头，求贤的心情更迫切了。第二天一早就带上他的兄弟关羽和张飞骑马离开新野，往隆中山而来。

刘备转了几个弯子进入隆中山以后，就听一个农夫在田中唱道："苍天如圆盖，陆地如棋盘。世人黑白分，往来争荣辱。荣者自安安，辱者定碌碌。南阳有隐居，高眠卧不足！"

刘备上前问那农夫，此歌是谁所作？农夫说是"卧龙先生"。刘备对"卧龙先生"更感好奇，马上问明地址，策马来到诸葛亮隐居的草庐。刘备亲自叩动门环。许久，才有人来开门，是诸葛亮的书童诸葛子青。刘备温和地问道："我是刘备，特来拜见'卧龙先生'。"

子青道："'卧龙先生'一早就出去了。"

刘备忙问："先生到何处去了？"

子青回答说："行踪不定，不知去何处了。"

刘备问："什么时候回来？"

子青道："归期也不定。"

刘备听这么一说，深感惆怅，想等上一会儿，关羽、张飞则劝他先回去。刘备只得上马下山。行了几里路，三人勒马回望隆中景物，真是"山不高而秀雅，水不深而澄清，地不广而平缓，林不大而茂盛"，确实是一个藏龙卧虎之地。这时，他们忽然看见一个身穿帛布袍、头戴逍遥巾，气宇不凡的人拄杖迎面而来。刘备心想："看样子一定是'卧龙先生'。"便忙上前施礼道："先生可是'卧龙先生'吗？"

那人问道："将军是谁？"

刘备毕恭毕敬地说："我是刘备，专程从新野来拜见'卧龙先生'。"

那人听罢，施礼道："我是'卧龙先生'的朋友崔州平。"

刘备忙抱拳道："久闻大名，幸得相遇！先生能否席地而坐，我想请教一言。"

崔州平坐下后问道："将军有何事非要见'卧龙先生'？"

刘备说："如今天下大乱，百姓受苦，我想向'卧龙先生'求教治国安邦的大计。"

崔州平一听，哈哈大笑起来："天下大势，分久必合，合久必分，这是天意，人岂有回天之术？谈何容易！"

刘备还想说什么，崔州平起身道："山野村夫，枉谈天下之事。"

刘备忙道："但不知'卧龙先生'往何处去了？"

崔州平说："我也正想访他，不知往何处去寻。他日再见吧。"说罢，扬长而去。

刘备一行走后，诸葛亮与几位好友回到草庐碰头，听子青和崔州平详细叙述了对刘备三人的印象，认为他宽厚、平易、仁德、谦恭。诸葛亮拿定主意，决定出山辅助刘备。他的决定得到了家人的赞成。

秋去冬来，天冷了。徐庶一面加紧练兵，一面让刘备招兵买马，并根据听到的天下三分的理论，极力劝刘备早日夺取荆州。可刘备总是因同刘表是兄弟、不愿忘恩负义而下不了决心。这时，刘备接到探报，说"卧龙先生"已回隆中，他忙唤来关羽和张飞，出发再上隆中。

没走多远，下起了大雪，天变得冷极了。张飞使劲搓着手，嚷嚷道："大哥，天寒地冻的，连仗都打不成，还有必要跑这么远去见一个没有用的人吗？不如回新野避避风雪吧！"

刘备耐心地开导张飞说："大丈夫死都不怕，还怕风雪吗？我们冒雪前往，正好能让'卧龙先生'知道我的诚意。"兄弟三人进了隆中山，听见路旁酒店中有人击桌而歌，刘备以为是卧龙，便下马入店，探知店中歌唱二人原来是卧龙之友石广元和孟公威。刘备于是出来上马，直奔卧龙冈，来到茅庐前。

诸葛子青开了门。刘备问："先生今日在庄上吗？"

子青道："正在堂上读书。"

刘备大喜，便跟着子青走了进去。到了中门，只见门上大书一副对联："淡泊以明志，宁静而致远。"刘备环顾四周，见堂上一位少年正拥炉抱膝歌吟。刘备待他吟完，才跨进屋施礼道："备久慕卧龙先生大名，早想与先生相见，只恨没有机会。前时我已拜访过一次，可惜没遇到先生。今日特冒风雪至此，见到先生，真是万分荣幸！"

那位少年一见，慌忙答礼道："将军，我是诸葛均，孔明乃是我二家兄。"

刘备便问："那'卧龙先生'今日在吗？"

诸葛均说："昨天被崔州平不知请到何处去闲游了。将军还是坐坐喝杯茶吧。"

刘备叹口气道："我真是没有福气，两番不遇大贤。"

这时张飞在一旁忍不住道："先生既然又不在，还是请哥哥上马回去吧。"

刘备说要写几句话留给孔明。写罢，交予诸葛均，说他日再来，便拜辞出门回新野了。

兄弟三人离开茅庐正往前行走，忽见前面小桥上一人骑驴而来。刘备以为是卧龙归庐，连忙上前施礼。来人告知自己是孔明的岳父黄承彦。刘备忙上前施礼问道："您老可曾见到令婿？"

黄承彦道："怎么？他不在，我也是来看他的。"刘备只好辞别，失望地回新野去了。

对于刘备两次来访诸葛亮的事，庞德公、黄承彦和司马徽三位老先生都给予了很高的赞誉。诸葛亮也已下定决心出山，辅佐刘备重兴汉室，建功立业。黄承彦拿出一把羽扇赠给他，扇把正面写有"治国安邦"，背面书有"指挥若定"。黄老先生语重心长地叮嘱道："贤婿，你能做到这八个字，也就不负我们的一片苦心了。"

却说曹操在许昌，将徐庶的老母囚禁起来，又模仿徐母的笔迹写了一封劝降信，令人带到新野捎给徐庶，信中说，如果徐庶不到许昌去，他的母亲就活不了了。为尽孝道，徐庶挥泪辞别了刘备。到许昌见到老母，徐庶方知中了曹操的计。自古忠孝难以两全，老母不愿儿子为了她而弃明投暗，上吊自缢了。徐庶将母亲葬在许昌南原，凡是曹操所赐之物，他一概不予接受，并发誓，身在曹营，不进一言，不献一计。

徐庶走后，刘备请诸葛亮出山的心情就更迫切了。时光如梭，转眼冬去春来。刘备选择吉日，斋戒三天，沐浴更衣，准备再往隆中拜谒诸葛亮。

关羽不高兴地说："哥哥已经两次亲自拜访他，礼节已经过分了。我看他是徒有虚名才避而不见，哥哥何必被他迷惑呢？"

刘备不以为然地说："古时候，齐桓公去看一个贤士，跑了五趟才得见一面。我如今不但没有齐桓公的地位，而且连个立足之地都没有，还摆什么架子呢？我之所以一而再、再而三地拜访他，是因为他是位大贤。"

张飞生气地说："一个山野村夫，算得上什么大贤？用不着哥哥亲自出马，待我用一根绳子将他绑来就是。"

刘备生气地训斥张飞，说："这次你别去了，我与云长去。"

二人没办法，只得依了刘备。

三人骑马带领随从来到隆中，离草庐半里之外，正遇上诸葛均。刘备连忙施礼问道："令兄今日在吗？"

诸葛均说："昨天晚上才回来。将军今天可与他见面了。"说完，飘然而去。

三人便来到庄上叫门。诸葛子青来开门。刘备道："有劳仙童转报，刘备专程来拜见先生。"

子青道："先生今日虽在家，但此时还在草堂里睡觉未起身。"

刘备道："既然是这样，就暂且先不要通报。"

于是吩咐关、张二人在门口等着。

刘备慢慢走进去，只见诸葛孔明正仰卧在草堂床席之上酣睡，他便站在阶下等候。可等了半天，诸葛亮也没有醒。关、张二人在外等得不耐烦了，便走进来一看，刘备还站在那里。张飞来了怒气，对关云长说："这个人如此傲慢无礼，我要到屋后去放一把火，看他起不起来！"云长忙使劲劝住。刘备命他二人出去等候。再往草堂上望时，见诸葛亮翻了个身，好像要起来，却是又朝里面壁睡去了。子青这时想去叫醒孔明，刘备忙拦住道："且勿惊动。"

又立了一个时辰，孔明终于醒了，口中吟道："大梦谁先觉？平生我自知。草堂春睡足，窗外日迟迟。"

孔明吟罢，翻身问子青："有客人来吗？"子青回道："刘皇叔在此立候多时了。"

诸葛亮一听，忙起身道："为何不早告诉我？请等我换换衣服。"便转入后堂去了，半天才出来迎客。刘备这时见孔明，身长八尺，面如冠玉，头戴纶巾，身披鹤氅，飘飘然有神仙之气，不由得心折不已，当即上前施礼。

这一年，是建安十二年（207），27 岁的诸葛亮和 47 岁的刘备第一次见了面。

以上"三顾茅庐"的情节是根据《三国演义》和民间传说整理而成，历史上对这一事件的描述仅"凡三顾"几个字而已，具体情形已无从得知。但有一点可以肯定，刘备与诸葛亮相见的这一天，是他们携手共同创业的开始。

从此，"卧龙先生"就要翱翔天际了！

三、隆中献策

诸葛亮对刘备几次避而不见，已经试出刘备确实是一个宽厚大度的政治家，对今后的合作也充满了信心。在他的茅庐里，他与刘备纵论天下大势，为刘备指明了今后发展的道路。这就是著名的"隆中对"。

诸葛亮说："自从董卓乱政以来，豪杰并起，雄踞一方，势力跨州连郡者亦不可胜数。先说北方的曹操，他和袁绍相比，名望低微，势单力薄。但他最后却能战胜袁绍，由弱变强，这不仅是由于客观形势有利于他，也是他主观努力的结果。如今，曹操已经拥有百万兵众，又有挟天子以令诸侯的政治优势，此时与他争雄显然是不明智的。"

他见刘备边听边赞许地点头，又继续说道："孙权占据江东，已经经历了孙坚、孙策、孙权三世雄主。那里地势险要，民众归附，贤能之人尽展其才，因此，只可与他联合而不能谋取他。"

刘备听到这里，不禁想道："我们的立足之地在哪儿呢？"

诸葛亮似乎看出了他的心思，接着说："荆州这个地方，北有汉水、沔水，南可达于南海，东可连接吴会，西则通往巴蜀。这是一个战略要地，而它的主人刘表却没有能力将其守住。这恐怕是天赐给您的宝地，不知将军对它有意没有？还有益州这个地方，地理险要，沃野千里，乃是天府之国。当初汉高祖刘邦就靠它成就帝业。如今它的主人刘璋昏庸无能，又有张鲁在北边与它分庭抗礼。那里民多地富而刘璋却不知道如何治理，以使百姓安居乐业，因此，那里有眼光有才能的人都希望得到一个明主。"

诸葛亮这段分析，就是告诉刘备，欲求发展，兴复汉室，荆州、益州是必先占领的根据地。最后，诸葛亮完整地总结了他为刘备设计的统一天下路线。他说："将军既是皇室的后代，信义又传遍天下，广泛地罗致英雄，渴求贤才，如果能占有荆、益二州，守住险要的地方，同西方的戎族建立友好的关系，对南方的夷越族采取安抚的方针，对外与孙权结好，对内修明政治，天下形势一有变化，就可遣派一位上将率领荆州的军队向宛城、洛阳一线出击，将军亲自率领益州的大军出师秦川，到那时老百姓谁能不篮里装着食物、壶里装着美酒来欢迎您呢？如果能够这样，那么统一全国的大业就可以成功了，衰颓的汉朝也就可以复兴了。"

刘备听了诸葛亮对形势如此透彻的分析，不断点头称是。

诸葛亮分析完天下大势，叫童子拿出一幅地图，挂在堂屋中间，指给刘备说："北边有曹操，东边有孙权，将军可以先拿下荆州，作为自己的立脚点，再扩展益州做基础，这就可以形成三足鼎立的局面，将来再谋取统一天下。"

刘备听到这里，连忙起身拜谢说："先生说的话，好像使我拨开了天空的乌云，看到青天一样。但是荆州刘表、益州刘璋，都是同姓亲属，皇室后代，我怎能争夺他们的地方呢？"

诸葛亮说："刘表年老力衰，不久就要去世；刘璋软弱无能，守不住祖业。这些疆土日后一定会属于将军您。"

刘备听诸葛亮这么一讲，马上拜倒在地，请求他出山帮助。诸葛亮没有答应。刘备哭着说："先生如果不肯相助，对百姓也说不过去。"说着，眼泪已流湿了衣裳。诸葛亮看他这样诚心，只好答应出山。刘备非常高兴，连忙招呼站在门外的关羽和张飞，进来拜见诸葛亮，并献上金银绸缎等礼物。诸葛亮坚决不肯收下，刘备再三解释说："这不是聘礼，只是表达我的一番心意。"诸葛亮这才勉强收了下来。

刘备等人当晚在草屋里住了一宿。第二天，诸葛均回家，诸葛亮关照说："刘皇叔三次拜访，我不能不去帮助。你仍在家里耕田种地，不要让田地荒芜。等我事情办成，马上就回来隐居。"

刘备等向诸葛均告别以后，便和诸葛亮一起回到新野。从此，刘备和诸葛亮两人相处非常亲密，经常一道吃饭，一道议论天下大事。

明主贤臣，刘备三顾茅庐，终于如愿以偿了。

第七章　赤壁决战

一、荆州风雨

荆州北据汉沔，东连吴会，西通巴蜀，是兵家必争之地。东汉末年的荆州，下辖九个郡，相当于今天的湖北、湖南全部，甚至包括四川、江西、河南一部分。

刘备若得到荆州，就可以从荆州和益州夹击中原，实现"兴复汉室，还于旧都"的目标。孙权若得荆州，便可依长江天险，鼎足于江东，抗衡曹操，进而谋取天下。曹操若得荆州，便可雄踞江东上流，乘长江而下，吞灭孙吴，一统天下。

在中原混战的时候，荆州不是争夺的中心，暂时得到了安宁。但是建安八年（203）以后，荆州的天空开始出现乌云。

官渡之战后，袁绍于建安七年（202）忧愤而死。他有三个儿子：袁谭、袁熙、袁尚。袁绍生前对三个儿子做了安排，小儿子袁尚，因受后妻刘氏之宠，袁绍把他留在自己身边，打算让他继承自己的位置。长子袁谭，被派出去任为青州刺史。二子袁熙，被任为幽州刺史。外甥高干，被任为并州刺史。对于这样的安排，谋士沮授认为不妥，他谏劝说："世称万人逐兔，一人获之，贪者悉止，分定故也。谭长子，当为嗣，而斥使居外，祸其始此矣。"对沮授的劝告，袁绍并没听进去。袁绍死后，众人都认为袁谭身为长子，当继承袁绍。袁谭自己也认为理当如此，于是赶回来继位。袁绍的老部下逢纪、审配、辛评、郭图分为两派，逢纪、审配不满于袁谭，辛评、郭图则依附于袁谭。逢纪、审配二人怕袁谭继位于己不利，便抢先假造袁绍遗书，拥立袁尚为嗣。待袁谭赶回，木已成舟，无法改变，便自称车骑将军，屯兵黎阳（今河南浚县西南）。从此，兄弟二人矛盾加深。

袁谭、袁尚兄弟不和，给曹操北平冀州造成机会。建安七年（202）九月，曹操出兵攻打袁谭。曹操大兵压境，反倒促成了二袁暂时的联合。袁尚率大兵援助袁谭，与曹军一直对峙到建安八年（203）。这时，曹操的谋士郭嘉献计说："袁绍爱此二子，莫适立也。有郭图、逢纪为之谋臣，必交斗其间，还相离也。急之则相持，缓之而后争心生。不如南向荆州若征刘表者，以待其变；变成而后击之，可一举定也。"曹操接受了郭嘉的建议，撤兵回许昌。

建安八年（203）八月，曹操南征荆州，屯军于西平（今河南西平）。

北面曹操虎视眈眈盯着荆州，东面的孙权已经对荆州采取了行动。

建安五年（200），孙策第二次攻伐黄祖，实际上是向荆州拓展势力。

孙权继位掌管江东后，张昭、周瑜等人认为孙权是可成大事之人，专心服事之。孙权待张昭以师傅之礼，又命周瑜、程普、吕范等人为将帅，"招延俊秀，聘求名士，鲁肃、诸葛瑾等始为宾客"。鲁肃初见孙权，即建议他"剿除黄祖，进伐刘表，竟长江所极，据而有之，然后建号帝王以图天下"。孙权当时表示："今尽力一方，冀以辅汉耳，此言非所及也。"孙权虽然这样说，但并非不想占据荆州，只是觉得江东尚未巩固，进兵荆州是下一步的事。经过几年巩固江东的时间以后，孙权便开始实施鲁肃的建议。

建安八年（203），孙权出兵，西伐荆州夏口（今湖北武汉）守将黄祖。这一仗，大破黄祖水军，但还没有攻破夏口城，因后方山越反叛，孙权只好回军。

建安十二年（207），孙权再次西击黄祖，掳掠百姓而还。

建安十三年（208），黄祖下属甘宁投奔孙权，促使孙权下决心再一次大规模征伐黄祖。

这是孙权对黄祖的第三次进攻。

对于孙吴的进攻，黄祖做了比较充分的准备。他在沔口设下两只艨艟大船，用两条粗大的棕榈绳各系一块巨石沉入江底，把两条大船牢牢固定住。每条大船上放置千名弓弩手，乱箭齐发，飞矢如雨，犹如两扇紧闭的大门，使吴军不能通过沔口。东吴前锋大将董袭和凌统，各领百名敢死队员，每人身穿两层铠甲，乘大舸船冲进去，逼近艨艟大船。董袭挥刀接连砍断两条棕榈绳，使两条艨艟大船失去了根基。两条大船如大门离开枢轴，失去了防卫功能，东吴水军一下涌进来。黄祖忙令都督陈就率水军迎战，东吴平北将军吕蒙一马当先，斩杀陈就。黄祖见大势已去，开门逃走，被骑兵冯则赶上，一刀杀死。这一仗，孙权大获全胜，不但杀死了黄祖，还掳掠民众数万人。

北方的曹操，东面的孙权，都对荆州虎视眈眈，志在必得。

他们对荆州所采取的军事行动，虽未对荆州造成致命摧毁，但分明让人感到了急风暴雨来临前夕的阵阵凉风。

那么荆州内部是什么情况呢？

荆州内部的危机，表现为三种矛盾：刘表家族内部的矛盾、刘表政权内抗曹派和降曹派的矛盾、荆州境内的主客矛盾。

刘表家族内部的矛盾，主要指他的两个儿子刘琦、刘琮争夺继承权问题的斗争。刘表政权内抗曹派和降曹派的矛盾，主要指刘表自保荆州的主张与其臣下投降曹操主张的分歧。荆州境内的主客矛盾，主要指刘表集团与客居荆州的刘备集团的矛盾。这三种矛盾并非彼此孤立，而是互相交叉，互相作用，缠绕在一起的。

先看刘表家族内部的矛盾。

刘表有两个儿子，长子刘琦，次子刘琮。开始，刘表很喜欢刘琦，不仅因为他是长子，而且因为他长得很像自己。但是，自从次子刘琮结婚以后，刘表爱子的天平渐渐地偏到了刘琮一边。原来，刘琮所娶之妻，是刘表后妻蔡氏的侄女。因为这层关系，蔡氏想让刘琮取代刘琦的位置。蔡氏多次对刘表说刘琦的坏话，还联合蔡瑁、张允等向刘表进谗言。这三个人都是荆州政权中举足轻重的人物。蔡氏是刘表的妻子，蔡瑁是刘表的妻弟，张允是刘表的外甥。他们三个人一齐讲刘琦不好，渐渐地，刘表竟真的以为刘琦不好了。蔡氏不喜欢刘琦，除了刘琮的关系外，恐怕还与刘琦的政治态度有关。蔡氏是属于亲曹派。蔡瑁年少时就和曹操关系很好。

而刘琦却不同，他作为刘表的长子、荆州未来的首领，是坚持父亲自保荆州方针的。刘琦非常器重诸葛亮，因为诸葛亮是坚决的反曹派，从刘琦与诸葛亮的关系，可以看出刘琦反对亲曹的政治态度。在这点上，刘表家族内部的矛盾又与荆州内抗曹和降曹派的矛盾相互纠缠着。

刘琦日益被刘表疏远，心内非常不安，便找诸葛亮请求自安之术。开始，诸葛亮只是搪塞应付，并未认真给他出主意。诸葛亮这样做，并不是对刘琦不负责任，而是认为对这件事的处理须谨慎。此时诸葛亮已经加入刘备集团，他认为，刘琦之事若处理不好，不但害了刘琦，而且会使刘备集团受到影响。他在琢磨着既不使荆州当局疑心，又能保证刘琦的安全，同时又对刘备集团有利的办法。

刘琦见诸葛亮迟迟不为自己出主意，心中暗暗着急。有一天，刘琦又邀请诸葛亮到他家去做客。诸葛亮知道刘琦又要向自己讨求安身的办法了。此时，诸葛亮已经想好了一条三全其美的办法，便接受了刘琦的邀请，来到他家。刘琦把诸葛亮带到后园，此地非常僻静，除了看园的家丁绝无他人。在后园内，有一座小阁楼，二层楼上，刘琦早已摆好了一桌宴席。二人来到楼上，边饮边谈。突然，阁楼的梯子被刘琦的下人搬走，楼上只剩下刘琦、诸葛亮二人。诸葛亮忙问为何，刘琦说："是我让他们这样做的。现在我们上不着天，下不至地，旁无他人，言出您口，入于我耳，总该说说您的主意了吧？"诸葛亮微微一笑，说："主意倒是有，不过你先得听我讲一个故事。"刘琦忙说："我洗耳恭听。"

诸葛亮不慌不忙，讲起了春秋时发生在晋国的一段故事：

晋献公攻打骊戎时，娶了一个名叫骊姬的女人。在此之前，晋献公已经有了几个儿子：太子申生，公子重耳、夷吾。后来骊姬也生了个儿子，名叫奚齐。骊姬为了让奚齐能立为太子继承王位，便阴谋设计陷害申生和其他几位王子。有一天，骊姬对申生说："你的父亲梦到你的生母齐姜了，你得赶快祭祀她。"申生很孝顺，便回到自己的封地祭祀母亲。祭祀完毕，申生又把祭祀用的酒肉拿回来献给父王。此时，晋献公外出打猎未归，骊姬便把酒肉收下，代为送达。申生走后，骊姬却往酒里肉里都掺了毒药。晋献公回来后，骊姬假意献酒，故意让酒洒在地上，剧毒掉在地上，立刻起了反应。骊姬假惺惺地说："酒里有毒，肉里也一定有问题。"便让狗吃了一块肉，狗也当场毙命。晋献公勃然大怒，下令逮捕太子申生。骊姬又添油加醋，说其他公子也参与了此阴谋。晋献公下令把重耳、夷吾也一起逮捕。有人劝申生向晋献公揭穿骊姬，或者逃出晋国，都被申生拒绝。最后申生自杀，而重耳等人却跑到国外，过起流亡生活。

故事讲到这里，诸葛亮突然问刘琦："你知道为什么申生死了，而重耳却活下来了？"刘琦没有回答，他想听听诸葛亮的高见。诸葛亮见刘琦不答，便说道："君不见申生在内而危，重耳在外而安乎？"

刘琦恍然大悟，诸葛亮哪里是在讲故事，分明是在给自己出主意。他决意离开襄阳，离开这权力斗争的中心。送走诸葛亮，他来到父亲刘表处，要求外出任职。正巧黄祖刚去世不久，刘表便让刘琦担任江夏太守。不久，刘琦离开襄阳，到江夏任职去了。

诸葛亮为刘琦出此计策，一方面是解刘琦之危，另一方面也是为了刘备集团的利益。他知道，在刘表集团内，主张投降曹操的人不在少数。刘表体弱多病，万一荆州有变，刘备的抗曹将与当局的降曹相冲突，到那时，刘琦的江夏郡还可以作为一块立足的根据地。从这方面讲，刘表宗室内部的矛盾又和荆州内的主客矛盾相纠缠着。

荆州内部的第二个矛盾是抗曹派和降曹派的矛盾。刘表是不主张降曹的。他苦心经营荆州十九年，把它变成地方数千里、带甲十余万的小王国，可以说，这是他一生的心血、一生的成就。他怎能轻易拱手让人？早在曹操屯军西平，兵临荆州时，刘表就表示了他不轻易投降的态度。他认为曹操之所以兵临荆州，是由于袁尚、袁谭兄弟不合作抗曹，致使曹操无后顾之忧的缘故。所以，他分别写信给二袁，晓以利害，喻以大义，企图说服二人和好，与自己结成抗曹联盟。

刘表苦口婆心，与其说是在挽救二袁的昆仲之谊，不如说是在挽救荆州。他的目的是在自己抗御曹操的进攻时，能得到二袁的外线配合。

在刘表政权内，主张抗曹保荆的还有一些人。例如大将王威，在刘表已死，刘琮降曹，刘备败走之时，仍向刘琮建议说："曹操闻将军既降，刘备已走，必懈弛无备，轻行单进。若给威奇兵数千，徼之于险，操可获也。获操，即威震四海，非徒保守今日而已。"又如刘表大将文聘，在外据守汉川。刘琮降曹，令文聘与他同降，文聘拒绝说："聘不能全州，当待罪而已。"

然而，在刘表政权内，主张降曹的人也不少，而且他们中许多人都是举足轻重的人物。早在袁绍、曹操在官渡对峙时，刘表的从事中郎韩嵩、别驾刘先就对刘表说："夫以曹公之明哲，天下贤俊皆归之，其势必举袁绍，然后称兵以向江汉，恐将军不能御也。故为将军计者，不若举州以附曹公，曹公必重德将军，长享福祚，垂之后嗣，此万全之策也。"就连协助刘表开创荆州的蒯越，此时也劝刘表投降曹操。后来，刘表派韩嵩到曹操那里观察虚实。不料韩嵩回来后，盛赞曹操威德，并劝刘表送儿子到曹操那里为人质，以表示对曹操的忠诚。对于韩嵩的过分举动，刘表勃然大怒，要把韩嵩杀掉。这时，刘表的夫人蔡氏出来讲情，她说："韩嵩，楚国之望也，且其言直，诛之无词。"其实，蔡氏为韩嵩讲情，恐怕不仅仅是因为他是"楚国之望"，更主要的是韩嵩对曹操的态度与她相同。

建安十三年（208），刘表病重，刘琦听说后，立即从江夏赶回来探视。蔡氏、蔡瑁、张允等人知道刘琦性慈孝，害怕他们父子相见后感动刘表，使刘表把后事托给他，便定计阻挠刘琦与其父见面。蔡瑁、张允在门外拦住刘琦对他说："将军命你在江夏守住荆州东门，这是非常重要的任务。而你现在擅自离开重地回来，将军知道必怒责于你。惹父亲不高兴而加重他的疾病，恐怕不是孝敬的行为吧？”

刘琦无奈，只好流着泪返回江夏。这件事表明，荆州政权内的降曹派已牢牢地控制了政局。

荆州内部的第三种矛盾，是主人刘表集团与客居的刘备集团的矛盾。

刘备寓居荆州，是准备干一番事业的。他要兴复汉室，建立霸业，绝不会投降曹操。在不投降曹操这点上，刘表与刘备是一致的，他把刘备安置在新野，就是想利用他的力量抗击曹操。为了抗曹，刘表不但给刘备增兵，还不得不允许刘备在不影响荆州本土利益的情况下扩大自己的实力。据记载，诸葛亮曾劝刘备，在取得刘表的赞同下，可召集荆州的游民以扩充部众。

刘备初屯樊城时，有众不过数千，但当曹军攻下荆州，刘备从樊城撤离时，仅关羽所统的水军就有“精甲万人”。看来，刘备在樊城期间，军事实力确实是大大增强了。

刘表虽然没有阻止刘备扩军，但并不意味着对刘备持信任态度，恰恰相反，刘表对这个客居的同姓人是很不放心的，特别是当他看到荆州人士很多人都依附刘备时，对刘备的戒心就更大了。他把刘备从新野调到樊城，就是把他放到自己的眼皮底下，以便于监督和控制。后来，刘表病重，把刘备叫到病榻边说：“我儿不才，而诸将零落，我死之后，卿便摄荆州。”刘表这番话并非他的本意。试想，他那么喜欢刘琮，不惜舍长立幼，又怎能甘心让一个外来者取代爱子呢？刘表的本意一是试探一下刘备有没有夺取荆州的野心，二是拉拢一下刘备的感情，让他好生辅佐自己的儿子。

如果说刘表与刘备的矛盾还处于隐蔽状态，那么刘表政权中降曹派与刘备集团的矛盾则尖锐到了剑拔弩张的程度。

刘备在樊城时，曾出席刘表举行的宴会。而刘表手下的蒯越、蔡瑁二人打算乘宴会杀掉刘备。刘备察觉后，假称去厕所，借机溜走。刘备所骑之马名曰"的卢"，由于走得匆忙，连人带马掉到襄阳城西的檀溪中，情况十分危险。刘备急了，喊着他的马说："的卢，今天的安危全靠你的努力了。"说完猛一夹马肚子。那马似乎听懂了主人的话，猛地一跃，蹿出水面，带主人脱出险境。蒯越、蔡瑁是降曹派的首领，对刘备的仇视，恐怕不仅仅由于主客矛盾，当与刘备坚决抗曹的态度有碍于他们降曹有关。

山雨欲来风满楼，荆州已处于危险之中。

二、大败夏侯惇

建安十三年（208）七月，曹操在平定了袁氏残余，解除了乌桓威胁之后，踏上了南下的征程。因为他知道，若不急取荆州，恐怕这块战略要地将落入他人之手。形势紧迫，时不我待。

　　曹操率领数十万大军下江南时，初到刘备军中的诸葛亮到底起了什么作用？由于史料记载有限，现在已难详尽知道，只能根据有关资料进行推测。当然，最精彩的莫过于《三国演义》中的小说式讲述，虽然有虚构成分，但结果是一样的，只是过程更为波折化。

　　有一点是可以肯定，诸葛亮受到了刘备充分的尊重。刘备对待诸葛亮如老师一般。关羽、张飞对此曾一度很不高兴，有一次还向刘备表示："孔明年纪轻，有什么才学？大哥待他太过分了，又没有见过他真实的本领如何。"

　　刘备说："我得到孔明，好像鱼得到水一样。两位贤弟不要再说这样的话。"

　　关、张两人听了，默不作声地走开了。一天，有人送来牛尾过，刘备闲来无事便用牛尾结帽。诸葛亮见了，严肃地指出："将军没有远大的理想，干干这些事情就算了吗？"

　　刘备非常感动，扔下帽子，道谢说："我只是借这个解解烦恼罢了！"自此，他专心于公务，放手让诸葛亮训练新兵，准备迎接未来的战争。

　　操练不久，忽然有人报告说："曹操手下大将夏侯惇带了十万人马，杀奔新野来了。"张飞听了便对关羽表示："可以叫孔明上去迎击敌人。"正在谈话之间，刘备召集他们进去谈话。刘备说："夏侯惇带兵到此，怎么迎敌？"张飞说："哥哥何以不叫孔明去？"刘备说："定计要靠孔明，作战要靠二位贤弟，怎可推诿？"关、张出去以后，刘备请诸葛亮商议。诸葛亮说："恐怕关、张两人不肯听我号令，将军如要我指挥，请给我宝剑印信。"刘备照办了。

诸葛亮立即召集众将领听候指挥。张飞对关羽说："咱们暂时先听他的，看他有什么好办法能一举打退曹兵。"诸葛亮发布命令说："博望的左面有座豫山，右面有座安林，两处可以埋伏兵马。云长带五百人到豫山去埋伏，等曹兵来，先放他们过去，不要作战。曹兵的辎重粮草，必然放在大队人马后面。但看南边火起，就拦腰一击，劫他的粮草。翼德带一千人到安林背后的山谷中埋伏，只看南边火起，可以向博望城储藏粮草处放起火来。关平、刘封可以带五百人，预备引火材料在博望坡后面两边等候，等到曹兵来时，就可以放火。"

诸葛亮接着又命令从樊城调回赵云，在阵前正面迎敌，不要赢，只管输。布置停当，又对刘备说："主公可带一队人马做后备。"最后，诸葛亮又严肃地对大家说："各位要按照命令做，不得有误。否则违令者斩。"关羽说："我们都出去迎敌，不知军师做什么。"诸葛亮说："我在这里守着县城。"张飞大笑："我们都去上战场，你却在家里坐着，好舒服。"诸葛亮说："剑印在这里，不服从的斩。"刘备说："你们不曾听到过，运筹帷幄之中，决胜千里之外吗？二位贤弟不可违背命令。"张飞冷笑着走出营帐。

关羽说："我们且看他的计谋对不对，到那时再问他不迟。"其他大将都不了解诸葛亮的计谋到底如何，虽然听了命令，也都疑惑不定。诸葛亮对刘备说："主公今天可以带兵在博望山下驻扎。明天傍晚时候，敌军必然会到，主公可以抛弃营盘逃走，但见火起，就回头大杀一阵。我和糜竺、糜芳带五百人守住县城，关照孙乾、简雍准备酒席，摆好功劳簿，等候胜利会师。"诸葛亮初次用兵，究竟后果如何，连刘备也有些疑惑不定。

夏侯惇与于禁等带兵到了博望，分了一半精锐兵力做先头部队，其余的都在后面保护粮车。那时正是秋天，吹着西风。人马正行间忽然看到前面灰尘扬起。夏侯惇便摆开队伍，问："这是什么地方？"向导官答道："前面是博望坡，后面是罗川口。"夏侯惇听罢便命令于禁、李典押住阵脚，亲自骑马到阵前来看。

远远看到对方人马部署，夏侯惇大笑不止。部下问道："将军为何发笑？"他说："我笑徐庶在丞相面前把诸葛亮夸得像神仙一般，今天看他用兵，正好比犬马与虎豹相斗。我在丞相面前夸口要活捉刘备、诸葛亮，今天一定会马到成功。"说完，立即纵马向前。

正好遇到大将赵云。双方一语不合，大战起来。赵云假装打不过夏侯惇，赶紧策马就走。夏侯惇见了，紧紧追赶。赵云走了十几里，回马又与夏侯惇对垒，战不了几个回合又走。韩浩拍马向前，向夏侯惇说："赵云诱敌，恐怕有埋伏。"夏侯惇说："敌军这副样子，虽有埋伏，我也不怕！"于是不听韩浩劝告，一直赶到博望坡。忽然一声炮响，刘备亲自带了人马，冲了过来，参加战斗。夏侯惇笑着对韩浩说："这就是埋伏的兵马，我今晚不杀到新野，决不收兵。"于是又催促部下向前追赶。刘备、赵云等人，仍是向后便走。

天色渐渐暗了下来。这时天空乌云密布，遮天蔽日，西风又起。夏侯惇只顾朝前追赶。于禁、李典赶到路狭的地方，见两边都是芦苇，觉得地势不对，连忙建议夏侯惇停止前进。夏侯惇正要下令，只听得背后喊声震天，早一片火光，两边芦苇都烧了起来。转眼之间，四面八方，全都是火，又遇风大，火烧得更猛。曹军人马，自相践踏，死伤不计其数。赵云又回头杀了过来，夏侯惇只好冒着烟火逃出。李典一看大事不妙，连忙奔回博望城，火光中被一支兵马拦住，带队的大将就是关羽。李典上前战了一阵，夺路冲出重围。于禁见到粮草车辆都被火烧，便奔小路逃跑。夏侯兰、韩浩来救粮草，正好遇到张飞。战不上几个回合，张飞一枪把夏侯兰刺倒在马下，韩浩好不容易才夺路走脱。一直杀到天亮，夏侯惇收拾了残兵败将，回到许昌去见曹操请罪。

战斗结束，关羽、张飞异口同声地表示："诸葛亮真是英雄豪杰。"走不了几里，看到糜竺、糜芳，带了兵马，簇拥着一辆小车，车上坐的正是诸葛亮。关羽、张飞见了，连忙下马拜倒在地。从此，关、张二人对诸葛亮心悦诚服。

三、火烧新野

诸葛亮回到新野，对刘备说："夏侯惇虽然败了，但曹操一定会亲自带领大军前来。"刘备忙问："怎么办呢？"诸葛亮说："新野小县，不能久住。最近听说刘表病重，十分危险，不妨趁这个机会，拿下荆州做个安身之地，那就可以抵挡曹军。"刘备说："阁下说得很好，只是我受刘表厚恩，怎忍采用这般做法？"诸葛亮说："眼下如果不这样做，以后懊悔也来不及了。"刘备说："我宁死也不忍做忘恩负义的事。"诸葛亮说："既然如此，以后再商议吧。"

刘表在荆州确实病得很重，托人请刘备去谈后事。刘备带了关羽、张飞等人到了荆州。刘表对刘备说："我不中用了，死了以后，你如果认为我儿子没有才能，荆州可归贤弟所有。"刘备哭拜说："刘备一定竭力帮助贤侄，怎敢有其他举动。"正在说话之间，有人报告说："曹操亲率大批兵马杀奔新野而来。"刘备急忙辞别刘表，连夜赶回新野。

刘表在病中听到曹操出兵的消息，吃惊不小，忙找人商议草拟遗嘱，想要刘备帮助大儿子刘琦做荆州之主。刘表的后妻蔡氏听了很为恼火，立即吩咐关上内门，叫蔡瑁、张允二人把守外门。这时，刘琦在江夏，知道父亲病重，来到荆州探望，刚到外门，被蔡瑁阻止了。刘琦站在门外，大哭一场，又回到江夏。刘表的病越来越重，苦等刘琦不来，直到最后，大叫了几声死去。刘表死了以后，蔡氏与蔡瑁、张允商议，写了假遗嘱，叫自己生的小儿子刘琮做了荆州之主。至此，姓蔡的一家，分别掌握了大权，叫刘琮驻扎在襄阳，以防刘琦、刘备，甚至封锁消息，不向刘琦、刘备报丧。

刘琮到了襄阳，刚歇马，忽然有人报告说："曹操带兵朝襄阳杀来。"刘琮急忙召集部下商议。傅巽、蒯越、王粲三人都主张投降曹操。刘琮把这意见告诉母亲，蔡氏也完全赞同。于是刘琮写好降书，叫宋忠暗地里往曹操军营投献。宋忠到了宛城，向曹操献了降书。曹操非常高兴，重赏了宋忠，要刘琮出城迎接。

宋忠离开曹营，正要渡江返回，路上却碰到了关羽。关羽详细地问了荆州情况。宋忠起初还想隐瞒，后来被关羽盘问不过，只得将实情如实说了出来。关羽听了大吃一惊，立即捉了宋忠到新野去见刘备。刘备听罢大哭一场。张飞说："事情已经这样，可以先斩了宋忠，随后起兵渡江，夺了襄阳，杀了蔡氏、刘琮，然后与曹操交战。"刘备说："你且住口，我自有主意。"于是，放走了宋忠。

刘备正在烦闷，忽然有人报告说：刘琦派伊籍来到。刘备于是把宋忠所说告诉了伊籍。伊籍吃惊地说："既然如此，将军何不以吊丧为名，前往襄阳，引诱刘琮出来迎接，乘机捉拿，这样，荆州就属于将军所有。"诸葛亮说："这话很对，主公可以这样做。"刘备流下泪来说："刘表临死以前曾拜托我。现在如果捉拿他的儿子，夺取他的地方，实在辜负了他的重托。"诸葛亮说："如果不这样做，现在曹操大兵已经到了宛城，怎样去抵抗？"刘备说："不如到樊城躲避一下。"

正在商议的时候，有人报告说："曹兵已到了博望。"刘备急忙让伊籍回江夏整顿兵马，一面与诸葛亮商议抵御办法。诸葛亮说："主公且放心，前次一把火，烧了夏侯惇的大部分人马，这次曹军又来，再叫他中一条计策。我们在新野住不了，不如早点到樊城去。"于是贴出通告，希望百姓赶快一道去樊城暂时躲避。同时派孙乾到河边调配船只，救济百姓，并召集将领们部署战斗。

诸葛亮先命关羽带一千人到白河上游埋伏，各人带布袋，装沙土，挡住白河的水，等到第二天三更以后，只要听到下游人喊马嘶，便放水来淹曹军，并带兵顺水杀奔下来。

然后，又命张飞："带一千人到渡口埋伏，等曹军被淹以后，可以乘机杀来。"

最后，令赵云："带三千人，分做四队，自己带领一队埋伏在东门外，其余三队分别埋伏在西、南、北三边城门外。先在城里的一些房屋上隐藏一些硫黄等作为引火材料，等曹兵入城以后，第二天黄昏时看到风起，就命令西、南、北三边城外的伏兵用火箭射进城来。等待城里烧得厉害时，就在城外呐喊助威，只留东门放行，你可以在东门外从后面杀去。天亮以后，再会合关、张二将军，收兵回樊城。"

接着，诸葛亮又对麋芳、刘封两人布置说："你俩带两千人，一半红旗，一半青旗，在新野城外三十里的鹊尾坡前驻扎。一看到曹兵来到，红旗军走在左面，青旗军走在右面。对方心疑，一定不敢追赶，你们两批人可以分头埋伏。只看城里火起，就可以追杀败兵，然后再到白河上游接应。"诸葛亮分派完毕，同刘备登高瞭望，等候前线的胜利消息。

曹仁、曹洪带了十万人马做先头部队，最前面有许褚带三千铁甲军开路，浩浩荡荡，杀奔新野而来。中午，到达鹊尾坡，看到坡前一批人马，打着青、红旗号。许褚指挥部下向前，忽然青、红旗分左右两边走开。许褚勒住马，怕前面有埋伏，关照部下停止前进，自己赶到曹仁面前去报告。曹仁说："这是疑兵，一定没有埋伏。"许褚又回到坡前，叫大家前进，在树林里追赶了一阵，却看不到一个人影。

这时太阳已经西下，许褚正要前进，只听得山上大吹大擂，抬头一看，只见山顶上一簇旗子，旗子下面有两把伞，伞下左面坐着刘备，右面坐着诸葛亮，两人正在面对面吃酒。许褚见了十分恼火，立即寻找道路上山，此时山上却出现了檑木炮石……这时候天色已经很晚，曹仁的兵马赶到以后，下令先夺下新野城歇马。军士们赶到城下，只见四面城门大开，曹兵跑了进去，并无阻挡，城里也找不到一个人影，原来新野竟然是一座空城。

曹兵进城以后，又倦又饿，都去争夺房子烧饭。曹仁、曹洪就在县衙门里歇息。初更以后，刮起大风，守门的军士飞报火起。曹仁说："这一定是烧饭不小心……"话还没说完，接连几次的报告，说西、南、北三面都有火起。等到曹仁急忙叫大家上马出城时，满城里都起了火，上下一片通红。曹仁带了部下冒着烟火，寻找道路奔走。听说东门没火，急忙奔出东门。军士自相践踏，死了不知多少。

曹仁刚脱离火的包围，背后又是一片喊声，却是赵云紧追过来，曹仁哪敢恋战，只顾逃命。正在奔走，糜芳又带着一支人马赶到，冲杀了一阵。曹仁正要夺路逃走，又被刘封带领人马杀了一阵。到四更天的时候，曹军人马都奔走得十分疲倦，军士大多数被烧得焦头烂额，奔到白河边，看到河水不深，都想下河吃水洗身。一时人喊马嘶，乱成一团。

关羽在白河上流听到下方人喊马嘶，急忙叫军士放水，水势滔滔，直冲下来。曹军人马都淹在水里，死去很多。曹仁只得带了部下向水势缓慢的地方逃走。走到博陵渡口，又听到一片喊声，一支兵马拦住了去路，当打头的大将便是张飞。杀了一阵，曹军大败。这时，刘备、诸葛亮又一同沿河来到上游。这时刘封、糜芳已按照原定部署，安排好船只在河边等候。于是，众将士胜利会师，一齐渡河，向樊城进发。

四、败走江夏

曹仁、曹洪战败以后，在新野暂时驻扎。曹操听到消息，非常生气。他亲自带了兵马，漫山遍野，向新野赶来。他传令军士们一面搜山，一面填塞白河，然后分成八路大军，一齐围攻樊城，并委派徐庶去樊城劝说刘备投降。徐庶到了樊城，刘备、诸葛亮盛情接待，一起畅叙旧时的情谊。

徐庶说："曹操叫我来劝你们投降，是假的。今天他分兵八路，填白河前进，樊城恐不守，应该早些想出对策。"刘备要徐庶留下。徐庶说："如果不去，恐惹人笑。现在老母已死，我虽身在曹操那边，发誓不给他想一个计谋。你有诸葛亮帮助，还愁什么？"徐庶坚决要走，刘备不便强留。徐庶来到曹营，禀告曹操刘备并无投降意思。曹操听了立即命令部下赶快进兵。

刘备在樊城问诸葛亮有什么对策，诸葛亮说："可以赶快放弃樊城，到襄阳暂歇。"于是又把撤退的消息通告百姓，樊城、新野两县百姓扶老携幼，都跟着渡河。到了襄阳东门，刘备在马上大叫说："刘琮贤侄，我只想救百姓，并无其他意图，赶快打开城门。"刘琮听说刘备到了，害怕得不敢出面。蔡瑁、张允在城楼上叫军士用乱箭射下，城外百姓，都望着城楼大哭。

刘备说："我本想保护百姓，反而害了他们。如今我不愿再回襄阳。"诸葛亮说："江陵是荆州的重要地方，不如先拿下再说。"刘备等又带着百姓奔向江陵。这时同行的军民有十多万人，大小车辆何止几千，挑担、背东西的人更不计其数。路上，有人报告说："曹操大军已驻扎在樊城，正派人准备船只，马上就要赶来。"

刘备部下大将们都说："江陵是重要地方，可以抵抗得住。但如今有几万老百姓相随，每天只能走十多里，这样不知何时才能到达江陵。倘若曹兵赶到了，怎能抵御？不如丢弃百姓，快走才好。"刘备哭着表示不肯丢弃，仍旧令部下慢慢前行。

诸葛亮说："追兵不久就到，可以派云长到江夏向刘琦求救，叫他起兵乘船在江陵会合。"刘备同意照办，又叫张飞率大队人马在后面掩护，叫赵云保护刘备家人，其他的人都去照顾百姓。这样，每天仍只走十多里便住下停歇。

过了几天，诸葛亮说："云长往江夏好久，怎么没有回音，不知道什么原因。"刘备说："只有麻烦军师亲自跑一趟，事情才会成功。"诸葛亮表示同意，便和刘封带了五百人到江夏求救。刘备则与简雍、糜竺、糜芳同行。到了当阳县，刘备下令军民在景山驻扎。

这时正是秋末冬初，凉风透骨，黄昏时候，只听见遍地哭声。到四更天时分，西北角一片喊声，原来是曹兵追到。刘备赶忙上马带精兵两千多人抵御。曹军人多势众，怎能抵挡得住。正在危急时，张飞带了一支人马，杀开一条血路，救出刘备。一直跑到天亮，喊声渐渐远了，才停下马来。刘备看看左右随行人员，只有一百多人，众百姓、家小和大将们都不知下落。

曹兵见对方狼狈逃跑，正加紧追赶，忽然山坡后面一队人马飞出，有人大叫："我在这里等候多时了。"原来是关羽去江夏借到一万兵马，打听到曹兵去路，特地从这里杀出。曹操一见关羽，立刻勒住马对部下说："又中诸葛亮的计了。"立即下令叫大军赶快回头。

关羽追赶了十多里，回过来又保护刘备到汉津上船。船行了一会儿，忽听战鼓齐响，大队船只顺风而来。刘备大吃一惊，等船靠近，只见有人立在船头大叫"叔父"。刘备仔细一看，原来是刘琦，方才定下心来。刘琦跨过船来，正与刘备谈话，忽然西南面又有战船一字摆开，也朝这边飞来。刘琦吃惊地说："江夏的兵，小侄已全部调到这里。现在又有战船拦路，不是曹操的，便是江东的，如今怎么办？"

刘备仔细观察，只见诸葛亮坐在对面的船头上，背后站着孙乾。刘备连忙请诸葛亮跨过船来。诸葛亮说："我到了江夏，便先叫云长在汉津上陆接你。我料定曹操会来追赶，主公必定斜取汉津，所以特请刘琦公子先来接应，我就到夏口，调那边兵马前来帮助。"

刘备很高兴，于是合兵在一起，商议破曹的办法。诸葛亮说："夏口这地方很险要，可以守得住，请主公到夏口驻扎。公子可以回江夏，整顿战船，收拾兵器，以便抵挡曹操。"

刘琦说："军师说得很对。但我想请叔父暂时去江夏，整顿好兵马，再到夏口不迟。"刘备表示："贤侄的话也对。"于是留下关羽带五千人守住夏口。刘备、诸葛亮、刘琦一齐往江夏进发。

五、舌战群儒

208年，曹操率军攻打荆州。刘备力单，携民渡江逃避，诸葛亮随刘备败走夏口，刘备几乎没有安身之地。

这时，曹操已经攻打至襄阳，志在江东。

刘备与诸葛亮、刘琦在一起商议，诸葛亮说："曹操势力太大，一时难以抵抗。我们不如结盟东吴孙权，以作为外应援助，造成南北相峙，我们可从中得利。"刘备担心地说："江东人物那么多，必有远谋，能容下咱们吗？"

诸葛亮道："如今曹操带领百万之师，大军已压至江汉，江东肯定会派人来打探我们的虚实。到时，我将出使江东，凭三寸不烂之舌，促成两家联合，共拒曹操。"

且说荆州牧刘表去世，东吴派鲁肃前来吊丧。诸葛亮听说鲁肃来了，笑说："大事可成了。"便对刘备道："不可让他看出我们的计谋，主公只装作不知。"

鲁肃见过刘备后对诸葛亮说："我一向敬慕先生的才德，今日相见，三生有幸！孙将军虎踞六郡，兵精粮足，又极其敬贤礼士，江东英雄有很多归附于他。如今从你们这方面考虑，不如派一个心腹之人到江东去结盟，共图大计。先生的兄长在江东，每日盼望能与先生相见。鲁肃不才，愿与先生同去拜见孙将军，共同商议拒曹大事。"

刘备装作不同意，说："诸葛亮乃是我的军师，一刻也不能离开，怎么可以让他到江东去呢？"诸葛亮便道："事关紧急，请奉命一行。"

刘备这才答应。鲁肃于是和诸葛亮一起，登船往柴桑而去。

鲁肃回报孙权，孙权安排第二天召集文武于帐下，请卧龙先生来，升堂议事。

第二天，鲁肃到驿馆接诸葛亮来到孙权大帐中。孔明只见张昭、顾雍等一班二十多位文官，峨冠博带，整衣端坐。诸葛亮一一见礼，之后在客位上落座。张昭等人看到诸葛亮丰神飘洒，气宇轩昂，料他一定是来游说的。张昭便率先开口试问诸葛亮道："我张昭乃是江东的小人物，早就听说先生高卧隆中，自比管仲、乐毅，有这样的事吗？"

诸葛亮回答道："这只不过是亮平生的一个小可之比。"

张昭道："新近听说刘备刘豫州三顾先生于草庐之中，幸得先生，以为'如鱼得水'因而欲想席卷荆襄。如今荆襄却归属了曹操，不知你们是何用意啊？"

诸葛亮暗想：张昭乃是孙权手下的第一谋士，若不先难倒他，如何说服得了孙权？于是答道："在我看来，我主取汉上之地易如反掌。我主刘备谦卑仁义，不忍去夺同宗兄弟的基业，因此将荆州推让掉了。刘琮是个小孩子，听任佞言，私自投降，致使曹操猖獗。如今我主屯兵江夏，是另有良图，这可不是等闲之辈所能理解的。"

张昭道："如果是这样，先生可就自相矛盾了。先生自比管仲、乐毅，管仲辅佐桓公称霸诸侯，一统天下；乐毅扶持微弱的燕国，拿下齐国七十多个城池。这两个人，可都是济世之才啊！而先生只会在草庐之中笑傲风月、抱膝危坐。如今既然事从刘备，就该为百姓谋利益，除害灭贼。然而刘备在未得先生之时，尚能够纵横天下，割据城地；如今得了先生，人们更加仰望，就连三岁的幼童都说刘备是如虎添翼，不久汉室兴旺，曹操可灭了。朝野上下无不拭目以待，对先生抱着极大希望。可为何自从先生跟了刘备，曹兵一来，你们就丢盔卸甲，望风而窜，弃新野，走樊城，败当阳，奔夏口，无容身之地。如此辜负了刘表遗愿，令天下百姓大失所望。那刘豫州自从有了先生，为何反倒不如当初了呢？管仲、乐毅难道就是这样的吗？我的话愚鲁直率，请先生不要见怪！"

诸葛亮听罢，无声地笑了笑，说道："大鹏展翅飞万里，它的志向难道是那些小燕雀能认识的吗？比如一个人得了多年的痼疾，应当先给他喝点稀粥，同药一起服下。等到他肺腑调和、形体慢慢养得安稳些了，再用肉食补养，加上效力强的药治疗，这样病根才能除尽，人得以全面康复。如果不等病人气脉缓和，就给他吃烈药和味道厚重的食物，想要求得平安，就难了。"

诸葛亮接着说："我主刘备，以前兵败于汝南，寄靠在刘表门下，兵不到一千，将只关、张、赵，正像是到了病重危急的时刻。新野小县地僻人稀粮又少，不过是暂时借以安身，怎可能长久坐守在那里呢？但就是在这样的处境条件下，却能够火烧博望，水淹曹军，令夏侯惇等心惊胆战。依我看来，就是管仲、乐毅用兵，也不过如此吧。至于刘琮投降曹操，我主当时根本不知，且又不忍心乘乱夺取同宗之业；当阳之败，我主不忍丢下百姓，几十万人扶老携幼相随渡江，每日与民一同颠簸十余里路而放弃去取江陵，真是大仁大义啊！"

"寡不敌众，胜负乃是兵家常事。昔日汉高祖刘邦多次败给项羽，然而垓下一战却取得了决定性胜利，难道不是因为韩信为他出了良谋吗？因此说，国家大事，天下安危，要靠谋划。那些夸夸其谈、善于巧辩之徒，靠虚荣之气压人；尽管能够坐着议论、站着高谈，可是到了关键时刻应付各种形势变化，却什么都不行了，这才真正是叫天下耻笑！"诸葛亮一番话，说得张昭没有一句可以对答。

这时座中一人忽然高声问道："如今曹公屯兵百万，战将千员，虎视眈眈要踏平、吞食江夏，先生认为该怎么办呢？"

诸葛亮望去，乃是虞翻。诸葛亮道："曹操收并了袁绍蚁聚之兵，劫刘表乌合之众，虽然百万之军，也没什么可怕。"

虞翻一听冷笑道："你们军败于当阳，计穷于夏口，如今求救于人，还说'不怕',这可真是大言不惭啊!"

诸葛亮道:"我主不会只靠几千仁义之师,去抵抗百万残暴之众。退守夏口是为了等待更好的时机。而如今,你们江东兵精粮足,且凭借有长江之天险,有的人却还想要其主屈膝投降曹贼,而竟不顾天下人的耻笑。从这一点来看,我主难道是怕曹操的吗?"虞翻被说得哑口无言了。

座中又一人发问道:"卧龙先生难道想效法张仪和苏秦来游说我们东吴吗?"

诸葛亮一看,是步骘,回敬道:"步子山先生以为张仪、苏秦是辩士,却大概还不知道他二人也是豪杰吧。苏秦佩挂六国相印,张仪两次为秦国宰相,都是匡扶国家的谋士,可不是那些畏强欺弱、怕刀怕枪的人所能比的。君等只听曹操虚发的假诈之词,就吓得想去投降,还好意思在这里笑话苏秦和张仪吗?"步骘也被问得说不出话了。

忽然,又有人问道:"诸葛先生认为曹操是个什么人呢?"

诸葛亮看那人,乃是薛综,答道:"曹操乃是汉贼,这还用问吗?"

薛综道:"先生说得不对。汉朝至今,天数眼看就要完了。如今曹公拥有三分之二天下,人都归心于他。刘备不识天时,强要与之抗争,正是好比以卵击石,怎能不败呢?"

诸葛亮这时厉声说道:"薛敬文怎么能出此没有君臣父子、没有高低伦理之言呢?人生在天地之间,应以忠孝作为立身之本。薛公既然是汉臣,却有不臣之心,应当打消这些思想,才是为臣的正道。曹操的祖宗食汉禄,却不思报效汉室,反怀有篡权叛逆之心,让天下人憎愤。薛公却说天数归之曹操，真是无父无君、没有纲常的人！我没有必要同你讲话，请不必多言了！"薛综满面羞惭，无话对答。

座上又有一人应声问道："曹操虽然挟天子以令诸侯，可毕竟也是相国曹参的后代。刘备虽自说是所谓中山靖王的苗裔，却没有考证，人们亲眼所见的，他只不过是一个编草席卖草鞋的俗夫罢了，有什么资格来和曹操抗衡呢？"

诸葛亮看去，原来是陆绩。随之笑起来，道："曹操既然是曹相国的后代，就更证明他世代都为汉臣，而如今他却手握王权，肆意横行，欺君妄上，不仅是目无君主，而且是蔑视祖宗，不仅是汉室之乱臣，而且是曹氏之贼子。我主是堂堂正正的汉室之胄，当今皇帝依据世宗祖谱赐予他官爵，你凭什么说'无可查考'呢？况且高祖就是从区区亭长开始建业起身的，织席卖鞋又有什么可以为耻辱的呢？我看你真是小儿之见，怎能和高士一起理论！"陆绩不禁闭口塞舌。

席中又一人说道："诸葛亮所言，都是强词夺理之谈，不必再说了。只请问诸葛亮著有什么经典之论吗？"

诸葛亮一看，是严峻，说道："寻章摘句，是世上那些迂腐儒士的所为，哪能够依此兴国立事。古时候躬耕的伊尹，垂钓于渭水的姜子牙，还有张良、邓禹等名士高人都没见他们有什么经典论著。难道说你整天就只是效仿那些酸腐的书生，区区于笔砚之间，数黑论黄、舞文弄墨而已吗？"严峻垂头丧气地无以作答。

忽然一个人大声说道："诸葛公好说大话，未必有真才实学，恐怕到时恰恰要被文人学者所笑呢。"诸葛亮看那人，乃是程德枢，便回答道："文人学者有君子与小人之分。作为君子的文人，忠君爱国，坚守正义，憎恶邪佞，尽力为时代做出自己的贡献，美名传于后世。而作为小人的学者，只钻营雕虫小技，用心于文墨，年轻时作赋，人老了把经都念完。笔下即便有千言，胸中却没有一点实实在在的计策。就像扬雄那样，虽然以文章著称于世，却屈身于草莽强盗之手，走投无路最后跳楼而死。这就是所谓的小人之儒。即使他每天吟诗作赋上万言，可又有什么用呢？"程德枢也不能应对了。

六、智激孙权

诸葛亮为什么要出使江东？这是当时刘备同曹操抗争的政治、军事形势的客观需要决定的，也是诸葛亮在隆中时期早已为刘备确定的战略思想的一个组成部分。自从刘备不避风尘，三次去隆中请来了诸葛亮做助手以后，他们就开始了夺取荆州和"联孙拒曹"的活动。这两步棋，按照他们原来的想法，是先走第一步夺取荆州，再走第二步。只因曹操的迅速南下和刘表去世后刘琮的立即投降曹操，才迫使刘备与诸葛亮把原定的步骤颠倒过来，先联孙破曹，然后夺取荆州。

孙刘联合，共拒曹操，虽然是当时形势的必然产物，但是，在孙权集团内部，并不是没有阻力的。当时孙权的不少将领和谋士，在曹操号称八十万大军的巨大压力下，主张投降曹操；特别是从彭城南逃江东以避战乱的儒士张昭，坚决反对江东将领周瑜、鲁肃等人的拒曹计策，力劝孙权派使节迎接曹操的大军南下，并上表称臣，走刘表的儿子刘琮投降曹操的道路。这时的孙权，夹在主战和主降两派之间，犹豫不决，举棋未定。正当孙权左右为难、难于决断的时候，诸葛亮来到了柴桑。这样的客观形势，为诸葛亮使命的完成增加了困难，不仅要求他驳斥投降派的种种谬论，还需要他紧紧抓住孙权的矛盾心理，促使孙权在权衡战与和的天平上，给主战一方增加有分量的砝码，从而作出联合拒曹的决策。

机智勇敢的诸葛亮，舌战群儒，驳斥了投降派的观点。接下来，他的任务是说服孙权，打消投降的念头，走孙刘联合抗曹的道路。

孙权，字仲谋，吴郡富春县人，父亲孙坚，兄长孙策，曾经都是割据江东的军阀。

孙权是建安五年（200）在孙策死后，才继统江东之众。到建安十三年（208）时，他27岁，成了实力仅次于曹操的一大势力集团。

当曹操占领江陵，正准备顺江东下时，孙权正在柴桑前线，观察战势。

他虽然派出鲁肃去联刘拒曹，可因为他的集团内部以老臣张昭为代表的一批人主张投降曹操，加上曹操又写信对他威胁利诱，使他在战与降的问题上，一时拿不定主意。

就在这时，鲁肃领着诸葛亮，来拜见孙权。诸葛亮对孙权的思想情况，和孙权的将领关于主战、主降两种主张的争论事先都有详细的了解。通过对这些情况的分析，诸葛亮认识到，要实现联吴拒曹的战略，关键在于以利害得失说服孙权，而要说服孙权，不能采取委曲求全的办法，要使孙权认识到联合拒曹是出于孙、刘两家的共同利益，并不是刘备向孙权片面地乞求援助。与此同时，又要解除孙权关于曹操兵多，担心打不过曹操的忧虑，从而促使他的思想向主战派转化。正是基于这样的调查研究和分析判断，诸葛亮采取了先激怒孙权，然后用以理服人的方法，同孙权开展了一场紧张、严肃而又机智灵活的论战。

诸葛亮一见孙权，就严词厉色地对他说："全国大乱的时候，您孙将军就据有了江东，我主也聚集了人力在江汉之南，都要同曹操争夺控制全国的权力。现在，曹操统一了北方，又攻破了荆州，声威震动了全国，我主虽然是个英雄，也没法同他交锋，只得退到夏口。孙将军面对这样的情况将怎样办呢？我劝您仔细思量，如果能用自己的力量打败曹操，就应该早日与他开战；如果打不过，就应该放下武器向曹操投降。现在孙将军表面表示愿意归顺曹操，而内心却又不甘心投降，在这样紧急的关头而不能迅速做出决断，大难马上就会到来的。"

诸葛亮的这席话，把孙权、刘备与曹操并列，接着又故意渲染曹操的势力与声威，借以刺激孙权，然后，抓住孙权的矛盾心理，迫使他在非战即降之间迅速做出选择，并以要孙权投降曹操而激怒之。诸葛亮的激将法果然有效，话音刚落，孙权立即面带怒色地反问道："如果真像你所说的那样，那么刘豫州为什么不归顺曹操呢？"

　　诸葛亮见孙权有些不高兴，更看出了他并不想投降曹操的心情，于是进一步激怒孙权说："大家知道，古时候有个田横，他不过是齐国的一个壮士，尚且不接受投降的侮辱，何况我主刘豫州本是皇室的后裔，又是首屈一指的英雄人物，天下人仰慕他，像江河之水归于大海一样！他岂能接受投降曹操的耻辱呢？他同曹操是势不两立的，如果不能获得胜利，也不过是天意罢了，要他归顺曹操是万万办不到的。"

　　诸葛亮既假让孙权投降曹操，又故意抬高刘备，大讲刘备不能也不会投降曹操的原因和决心，并拿出田横来比喻，有意把孙权说得连田横都不如，自然更不能同刘备的坚决抗曹相比，想以此刺激孙权的自尊心。果然，孙权一听，勃然大怒，立即下定了抗击曹操的决心，厉声说："我不能把整个江东的地盘和十万之众的军队，拱手送给曹操，去接受他的控制。我决心已经下定了。但是，刘豫州虽有抗曹的决心，力量却很小，拿什么去同曹操对抗呢？"孙权的这席话，显然是驳斥诸葛亮对他的侮辱，因而表示他也同刘备一样有抗击曹操的决心，同时又讽刺刘备没有力量抗击曹操，表现出缺乏打败曹操的信心。

　　诸葛亮看到孙权出于自尊心的驱使而说出了要抗曹的决心，同时又察觉他的决心并不坚定。于是，就用分析敌我力量对比的方法去消除孙权的顾虑和坚定他的决心。于是，诸葛亮从容不迫地说道："我主刘豫州虽然在长坂坡被打败，但散失的战士正在陆续回来，加上关羽的水军，仍有一万多精锐部队。又有刘琦统辖的江夏战士也将近万人。反之，曹操的军队，经过长途行军已经很疲乏，加上北方人不习惯水上作战。更何况，投降曹操的荆州军队，是出于被迫，并非真心投降。所以，曹操军队人数虽多，战斗力却不强。现在，孙将军如果能派出英勇善战的将领，带领几万军队，同我主刘豫州同心协力，是一定能够打败曹操的。曹操战败之后，必然向北撤军，这样一来，我主和孙将军的力量就强大了，三分鼎立的政治局面就形成了。成功与失败的关键，就在于今天能否做出联合拒曹的决策。"

诸葛亮的这番有理有据的分析，使孙权的怒气消失了，疑虑也解除了。他不仅认识到了联合抗曹的必要性，也看清了这种可能性，情不自禁地喜形于色，立即决定同刘备联合抗击曹操，并命周瑜、鲁肃、程普等将领率水军三万，随同诸葛亮一起西上与刘备的军队会合。

七、计劝周瑜

孙权的大都督周瑜在鄱阳湖训练水师，听说诸葛亮来江东商议合兵抗曹的消息，急忙赶回柴桑。鲁肃与周瑜关系最为深厚，头一个去迎接他，把事情详细讲了。周瑜道："子敬不必烦恼，我自有主张。现在快去把诸葛先生请来相见。"晚上，鲁肃带诸葛亮来拜见周瑜。鲁肃先对周瑜说："如今曹操带重兵南侵，是战是和，主公难断。将军的意思该怎么办呢？"

周瑜道："曹操借天子之名，不好与之对抗，况且势头又大，战必败，降则转危为安。我主意已定，来日面见主公，就劝他降曹。"

鲁肃一听惊愕地说道："君言差矣！江东基业已历经三代，怎可一日弃给他人呢？"

周瑜道："江东这么多百姓，一旦打起仗来，就要遭受战火之苦，那时必然把怨言归到我身上，因此不如不战。"

二人相互争辩，诸葛亮只在一旁冷笑。周瑜问道："先生为何发笑？"

诸葛亮说："我笑子敬太不识时务，真是跟我一样啊。将军想要降曹，既可保全妻儿老小，又可得以富贵。顺于天命，有什么不对呢？"

鲁肃大怒说道："你是想叫我主屈膝受辱于国贼吗？"

诸葛亮接着说道："我有一计，可以不用向曹操上贡献印，也不必将军亲自渡江，只需派一个小使者，乘一只小船送两个人到江上。曹操只要得到这两个人，就可令百万之师退兵。而江东少这两个人，就只好比大树上掉下一片叶子，大谷仓里少了一粒米一样。但叫曹操得了去，他必定大喜而归。"

周瑜便问道："果然如此的话，那么这是怎样的两个人呢？"

孔明说："我在隆中时，就听说曹操在漳河新造了一座铜雀台，极其壮丽，广选天下美女聚集于其中。曹操本是好色之徒，早听说江东乔公有二女，长女叫大乔，次女叫小乔，有沉鱼落雁之容、闭月羞花之貌。曹操曾发誓说：'我的志愿，一是扫平四海，建立霸业，二是得到江东二乔，放在铜雀台中，以乐我晚年。这样到死也没什么可遗憾的了。'如今曹操带百万之师欲图江南，其实就是为了这两个女子。将军何不去寻找乔公，以千金买此二女，派人送与曹操呢？曹操得到这两个女子，必心满意足，班师撤兵。这正是范蠡献西施之计，何不赶紧去办呢？"

周瑜道："曹操想得到这两个女子，有什么证明呢？"

诸葛亮道："曹操的四子曹植，字子建，下笔便成文。曹操曾命他作一首赋，名曰《铜雀台赋》，文中之意说他全家都能称王为帝，誓得二乔。"

周瑜问："这篇赋先生能背下来吗？"

诸葛亮道："我喜欢它文辞华美，曾记下来过。"

周瑜说："那就请先生试着背诵一下。"

诸葛亮当即吟诵起《铜雀台赋》，其中有这样一句道："立双台于左右兮，有玉龙与金凤。揽二乔于东南兮，乐朝夕之与共。"周瑜听罢，勃然大怒，站起身来用手指着北方道："老贼欺我太甚！"

诸葛亮忙站起来劝道："都督这又是何必呢？过去单于多次侵犯我国南疆，汉朝天子将昭君公主许给他和亲，眼下又何必在惜两个民间女子？"

周瑜回答道："先生有所不知，这大乔乃是孙策将军的主妇，小乔便正是我的妻子啊！"

诸葛亮一听，装作并不知情的样子急忙说道："亮实在不知，失口乱言，死罪！死罪！"

周瑜道："我与那老贼势不两立！来日入见主公，便商议起兵。"

诸葛亮道："若蒙不弃，我愿效犬马之劳，随时听候派遣。"

至此，孙刘联盟才真正建立起来，共同抵抗曹操。

民间还流传着诸葛亮草船借箭的故事，并且被收入《三国演义》这部名著中。事实上，《三国演义》中许多故事仅仅是传说而已，未必是真实的历史记载。据史家考证，在曹操和刘备、孙权发生的战争中，诸葛亮由于刚到刘营不久，情况不熟悉，所发挥的作用是非常有限的。他并没有那么多光辉事迹。但是，小说家和普通百姓将那么多智慧累加在诸葛亮身上，足以说明他们对这位智者的喜爱之情，而且这些智慧是完全值得一看的，"草船借箭"也属此例。

据传说，周瑜嫉妒诸葛亮的才华，越来越感到此人不可留。若留此人，将来必是江东之大患，但若杀了诸葛亮，又怕遭曹操耻笑，于是便想方设法要寻机除掉他。一日，周瑜聚众将于帐下议事，问诸葛亮道："近几日就要同曹操交战了，水路交兵，应当先用什么兵器攻战？"

诸葛亮道："大江之上，应以弓箭为先。"

周瑜道："先生之言，甚合我意。但是军中正缺箭用，敢烦先生督造十万支箭，以作应敌之用。这是公事，请先生不要推却。"

诸葛亮道问："这十万支箭不知道都督什么时候用呢？"

周瑜道："十日之内，能办妥吗？"

诸葛亮道："曹操马上就要打过江来了，若等十天，必误大事。"

周瑜便问："先生料几日能造完？"

诸葛亮说："只要三天，就可交上这十万支箭。"周瑜一惊，道："军中无戏言。"

诸葛亮笑笑说："愿立军令状，三天办不成，甘当受罚。来日造起，到第三天，都督可派五百人来江边搬箭。"

诸葛亮走后，鲁肃对周瑜说道："这个人莫非是在诈我们吧？"

周瑜摇摇头："他自己送死，并不是我逼他。你可去探孔明的虚实，然后来告诉我。"

鲁肃来见诸葛亮，诸葛亮道："子敬得借我二十只船，每船要军士三十人，船上全用青布作幔，每船用束草千余个，分立两边，我自有妙用。第三日包管有十万支箭。只是不能让公瑾知道，他若知道了，我的计策就会失败。"

鲁肃回报周瑜，果然不提借船之事，只说诸葛亮并不用箭竹、翎毛等物，自有道理。周瑜大惑不解道："看他三日后怎么交差？"

鲁肃将诸葛亮所需之物都备齐了，只等候调用。第一天不见孔明动静，第二天亦然。直到第三日四更天时，诸葛亮将鲁肃秘密地请到自己船中，说："请先生同我一道去取箭。"便下令二十只船用长长的绳索连接成一串，一直向北岸进发。

这天夜里大雾漫天，江上更是雾气重重，人在对面都看不清。诸葛亮督促船只前进，到五更时候，已接近曹操水寨。诸葛亮让把船头冲西，船尾在东，一字摆开，军士皆藏身于青布幔中，然后下令擂鼓呐喊。鲁肃大惊道："要是曹兵杀出来可如何是好？"

诸葛亮笑道："大雾锁江，我料他定不敢出战。我们只在这里饮酒取乐，等到雾散了就回去。"鲁肃一听哭笑不得，哪有心思饮酒，真是坐立不安。

却说曹操营寨中听到擂鼓呐喊，于禁等慌忙飞报曹操。操传令道："浓雾弥江，我军不可轻动，让弓箭手放箭！"然后又派人往旱寨里去叫张辽、徐晃各带弓箭军三千，火速赶到江边助战。

很快，约有一万多弓箭手往江中一齐放箭，箭如雨下，有的射落水中，有的扎在船边束草上。船因受箭而向一边慢慢倾斜。诸葛亮看看杯中之酒倾洒，便下令将船队调转，头东尾西，再靠近曹操水寨受箭，同时继续擂鼓呐喊。一直到太阳升起，雾气渐渐散开了，诸葛亮才下令收船立即返回。这时那二十只船两边的束草上都已扎满了箭支。诸葛亮下令各船上的军士齐声高喊："谢曹丞相箭！"等到曹军寨中报知曹操时，这边船轻水急，早已放回去有二十多里了，哪里还追赶得上，曹操见之，懊悔不及。

诸葛亮回到船中对鲁肃说道："每只船上有五六千支箭，不费你江东半分之力，便得十万多支箭。明日就可用它来射曹军了，岂不是真方便吗？"鲁肃叹息道："先生真神人也！却如何知道今日有大雾弥江呢？"

诸葛亮答道："作为将帅，不通晓天文地理，不知奇门，不懂阴阳，不看阵图，不明兵势，那是庸才。亮在两天前已算准今日有大雾，所以才定下三日之限。公瑾让我十天办完，工匠、材料等都不应手，明摆着是想要杀我。而我命系于天，岂是公瑾所能加害的吗？"鲁肃拜服了。

船到岸时，周瑜已派五百军士在江边等候搬箭。诸葛亮叫人到船上来取，共得十多万支，都搬到中军帐交纳。鲁肃来见周瑜，述说了诸葛亮草船借箭之事。周瑜大惊，慨然叹道："诸葛亮神机妙算，我不如他啊！"

八、横槊赋诗

十月底，周瑜把指挥部设在三江口，选择在赤壁附近的江面作为决战的地点。赤壁附近两岸几乎全由红色岩石构成，水面波涛汹涌，极不利于登岸。北方对岸两百里处有一座叫作乌林的大森林。周瑜亲自在水面、岸边详细观察，然后胸有成竹地在此布下天罗地网，只等曹军到来。

周瑜又派经验丰富、熟悉地形和水性的老将黄盖、韩当做先锋部队的指挥，准备直接进攻曹军，紧跟在后面的是主力船队，周瑜和程普在中心进行指挥。吕蒙、凌统、太史慈的部队为陆军先锋，刘备的军队在后方的汉口附近，防备曹操的陆上进攻。

可这时候的曹操还全然不知，处于平定北方割据势力的喜悦之中。

曹操在江陵已经做好了攻击江东地区的编组工作：将张辽、徐晃、程昱的军团编组成船队，加上蔡瑁、张允带领的七万荆州水军。这样，开赴战区的人数十多万人。

正如张允所说的那样，从江陵到三江口这段水域水势汹涌；船只颠簸得甚为厉害，军士们晕船现象相当严重，每只战船上约有上百的士兵呕吐不止，还有不少的人休克，曹操见到这种情形，非常着急。这样的状态不战自溃了，怎么能够迎战呢？

曹操下令停止行船，休整一段时间后再说。

这时，华中地区已进入了冬季，强劲的西北风自上而下掠过江面。曹操和贾诩、程昱等上岸一边休息一边想对策。每只战船留下部分人守候，绝大部分人下船休息。

长江沿岸十多里长的路段，炊烟袅袅，天气转晴，阳光洒在江面上，金波闪耀，船只整整齐齐排列，煞是壮观。

如何解决将士们的晕船问题呢？曹操在河滩上来回踱步。他的身旁跟着程昱、贾诩等文臣武将。突然，他想出了一个办法。

曹操说："我想将整个舰队用铁索链串联起来，形成巨大的连环船。这样，行船就平稳了，晕船现象即可克服。"

程昱说："丞相这办法虽能避免船的剧烈摇晃，但万一遇上敌人火攻，那如何得了。"

贾诩也说："遇上火攻，我们连逃生的办法都没有。"

曹操叫二人不必顾虑，说："你们看！"二人也跟着曹操仰望天空，只见天空一片澄澈，万里无云。他进一步解释道："我们的战船顺流而下，与风向一致，敌军在下游，火攻无济于事。二位尽管放心，吩咐大家注意两岸防守就行了。"

贾诩连声说："丞相主意甚好。"

程昱独不言语。

曹操这个时候更怀念逝去的郭嘉，他多么希望谋士当中有谁能够提出与自己不同的见解，并且以十分充足的理由说服自己。可是，下到江陵以后，差不多都是自己在想主意，提出的观点几乎无人反驳。程昱、贾诩、娄生这班人虽然有谋略，但临大事，还得郭奉孝这样的人啊。曹操忽然感到很孤独。

经过一个多月的努力，三千多只战船已经串成了一个整体，整个船队首尾相连数百里。平行的船队每个横面有二十四只船，看起来如同一座水上长城，气势非常雄伟，并由数百艘小船在周围巡逻，以避免敌人偷袭。由于规模空前庞大，光是整编便耗费了一个月。

冬月十五日，天气晴朗，风平浪静，曹操下令："今晚在大船上摆酒设宴，款待众将。"到了晚上，天空的月亮非常明亮，长江宛如横飘的一条素带。再看船上众将，个个锦衣绣袄，好不威风。

曹操对文武百官说："我自举义兵以来，仰仗天意及群臣辅佐，为国家除残去秽，成果卓著，北方早已是国泰民安、五谷丰登的景象。唯一使我不安的就是这江南大地依然四分五裂，诸侯割据。今天，我拥有百万雄师，只要大家同心协力，收复江南就指日可待了。"

大家齐声欢呼："愿早奏凯歌，以乐太平。"

曹操非常高兴，先以酒奠长江，随后满饮三大杯。并横槊告诉众将说："我拿此槊破黄巾、擒吕布、灭袁术、收袁绍，深入塞北，直达辽东，纵横天下，颇不负大丈夫之志，在此良辰美景，我作歌，你们跟着和。"

接着，他唱曰："对酒当歌，人生几何……绕树三匝……山不厌高，海不厌深。周公吐哺，天下归心。"这就是著名的《短歌行》，全文如下：

对酒当歌，人生几何？譬如朝露，去日苦多。

慨当以慷，忧思难忘。何以解忧？唯有杜康。

青青子衿，悠悠我心。但为君故，沉吟至今。

呦呦鹿鸣，食野之苹。我有嘉宾，鼓瑟吹笙。

明明如月，何时可掇？忧从中来，不可断绝。

越陌度阡，枉用相存。契阔谈讌，心念旧恩。

月明星稀，乌鹊南飞。绕树三匝，何枝可依？

山不厌高，海不厌深。周公吐哺，天下归心。

这首《短歌行》的主题非常明确，就是作者希望有大量人才来为自己所用。抒发渴望招纳贤才、建功立业的宏图大愿。

九、互相诈降

曹操自从失掉了十万多支箭后，心里非常气闷，于是和部下商议，决定派蔡瑁的两个弟弟蔡中、蔡和假装向东吴投降，以便摸清东吴军队的内部情况。

周瑜正在部署进兵的事，忽然有人报告说："蔡和、蔡中前来投降。"周瑜下令喊他们进来。两个人哭着说："我哥哥没有罪过，被曹操杀了。我们两人要替哥哥报仇。希望将军能收留我们。"周瑜听了，装出十分高兴的样子，立即重赏他们两个。蔡中、蔡和拜谢了周瑜，以为他真的中计。周瑜暗中吩咐手下的大将甘宁说："他们两个没有带家小来，不会是真的投降，想必是曹操派来的奸细。我现在将计就计，让他们通报个假的消息。你要好好招待他们，暗中提防。到了出兵的那天，先杀了他们祭旗。你要千万小心，不可误事。"

甘宁接受了命令刚刚走开。鲁肃进来说："蔡中、蔡和来投降，多半是假的，不可以收留。"周瑜不以为然地表示："曹操杀了他们的哥哥，要报仇才来投降，哪里会假？你如果这样多疑，哪能容得天下的英雄好汉。"鲁肃默默地告退了，跑去告诉诸葛亮。诸葛亮听了，只是笑了笑并不搭腔。鲁肃说："你为什么要笑？"诸葛亮说："我笑阁下不知道公瑾用的计策。大江隔得远，奸细极难往来。曹操叫蔡中、蔡和假意投降，偷听我军消息。公瑾将计就计，正好利用他们通报假情况，以迷惑对方。公瑾的计策很好。"鲁肃这才恍然大悟。

周瑜晚上坐在军帐里，忽然看到黄盖走了进来。周瑜说："你夜里来到，想必有好的计策要谈。"黄盖说："曹操的兵多，我们的兵少，不能长久地对峙下去，为什么不用火攻来取胜？"周瑜问："谁叫你献这个计的？"黄盖说："是我自己想出，不是别人教的。"周瑜说："我正是想这样做，才留下蔡中、蔡和这两个假投降的人，使他们去通报消息，只恨没有人替我也去假意投降曹操。"黄盖说："我愿意去。"周瑜说："不受些苦，曹操哪肯相信你？"黄盖表示："我愿意受苦。"周瑜说："你如肯行苦肉计，咱们江东就有办法了。"黄盖说："为了江东，我死而无怨。"

第二天，周瑜把众将官都集中在军帐里，诸葛亮也应邀前来。周瑜说："曹操带领一百万兵，驻扎在三百多里的战线上，不是短时间就能战胜的。如今我命令诸位将官各人领三个月粮草，准备抵抗敌人。"话未说完，黄盖站出来说："不要说三个月，就是领十三个月粮草也无济于事。如果这个月消灭不了曹操的人马，只可依照张昭所说，向曹操投降。"

周瑜大怒说："我奉主公的命令，带兵攻打曹操，谁敢说一句投降的话，我必杀之！"说完就令手下的人把黄盖推出去斩首。众将官苦苦告求，周瑜才没有杀黄盖，而命人剥了他的衣服，打了五十大棍。

黄盖被打昏过去几次，看到的人，都掉下泪来。鲁肃亲眼看了黄盖的棍伤，然后来到诸葛亮的船里，对诸葛亮说："今天公瑾怒打黄盖，我们都是他的部下，不敢硬去劝说，先生是客人，为什么坐在旁边，不说一句话？"诸葛亮表示："阁下难道不知道公瑾今天毒打黄盖，是用的计策吗？为何要我劝他？"鲁肃还弄不明白，诸葛亮说："不用苦肉计，怎能瞒过曹操？如今公瑾想让黄盖去假意投降，却叫蔡中、蔡和把这一情况通报给曹操。阁下见了公瑾，千万不要告诉他我先觉察此事，只说我也埋怨他才好。"

　　鲁肃再看望周瑜。周瑜把他请到军帐内。鲁肃说："今天为何要毒打黄盖？"周瑜问："将官们埋怨没有？"鲁肃说："有很多人心里不安。"周瑜问："诸葛亮的意思怎样？"鲁肃说："他也埋怨你太不够交情。"周瑜笑着说："今天总算瞒过他了。"鲁肃说："你说的是什么意思？"周瑜说："今天痛打黄盖是用的计策。我要他假意投降，先用苦肉计，瞒过曹操，然后用火去进攻，可以一举取胜。"鲁肃内心暗暗佩服诸葛亮的高明，却不敢在周瑜面前明说。

　　黄盖被打后，先派阚泽去曹营投了降书，蔡中、蔡和也向曹操汇报了这一情况。曹操表面非常相信，便让阚泽回东吴约黄盖投降。阚泽回到东吴，故意在蔡中、蔡和面前同甘宁发了牢骚。接着又写信给曹操，约定在船头上插了青牙旗前来投降。

　　曹操接到阚泽来信以后，心里暗喜，准备迎接黄盖投降。

十、巧借东风

　　一天，诸葛亮入帐来见周瑜。研究攻曹一事。

　　两人都认为应该用火攻，真可谓"英雄所见略同"。

　　此后，周瑜积极安排火攻曹操的计划。有一天，他正在检查军务。当时西北风起，吹得船上的军旗猎猎作响。周瑜看见飘舞的旗帜，忽然想到一个问题，不禁大惊失色。这是因为，曹军在长江以北，要实施火攻，必须刮东南风才行。此时是冬季，只有西北风，哪来的东南风呢？

《三国演义》对这段的描述大为精彩。周瑜因为没有东风一事，忧郁成疾，病卧在床。鲁肃将此情告诉诸葛亮。诸葛亮表示自己能医周瑜的病，于是，二人一起来到周瑜的营帐。诸葛亮在纸上密书十六字："欲破曹公，宜用火攻；万事俱备，只欠东风。"

周瑜见了大惊，暗想：诸葛亮真神人也！于是恳请道："事在危急，望先生赐教。"

诸葛亮道："亮虽不才，曾遇到奇异之人传授与我奇门遁甲天书，可以呼风唤雨。都督若要东南风时，可在南屏山上建一座平台，叫七星坛，台高九尺，作三层，用一百二十人，手举旗幡围绕。我在台上作法，借三天三夜东南大风，助都督用兵，怎么样？"周瑜道："别说三天三夜，只一夜就大事可成了。战势迫在眉睫，请万万不要迟误。"

诸葛亮道："十一月二十日甲子祭风，至二十二日丙寅风停，如何？"

周瑜大喜，一下坐起身来，立即使五百名精壮军士，到南屏山去筑坛，拨一百二十人执旗守坛，听候使令。

诸葛亮于十一月二十日甲子吉辰，沐浴斋戒，身披道衣，赤足披发来到坛前，吩咐守坛将士："不许擅离方位，不许交头接耳，不许随口乱讲话，不许大惊小怪，违令者斩！"众人领命。诸葛亮缓步登坛，看好方位，在炉中烧香，在盂盆内装水，仰天暗祝。诸葛亮一天上坛下坛三次，却不见有大风。

周瑜等人都在中军帐内等待东南风。黄盖等已准备火船二十只，停靠岸边待命。将士们个个摩拳擦掌，只等帐上号令。

这天晚上，天色晴朗，微风不动。周瑜对鲁肃道："诸葛亮之言实在荒谬。隆冬季节，哪来的东南风？"鲁肃说："我想诸葛亮定不会谬言。"将近三更时分，忽听风声响起，旌旗飘动。周瑜出帐看时，只见旗角竟真的飘向了西北，一霎间东南风大作。周瑜惊骇地说道："此人有夺天地造化之法、鬼神不测之术！若留着他，必是东吴之祸根，及早杀掉，免得生他日之忧。"赶忙叫来丁奉、徐盛二将，密令道："各带一百人，徐盛从江内去，丁奉从旱路去，都到南屏山七星坛前，不用多问，抓住诸葛亮便立即斩首，拿人头来见我请功。"二将领命而去。

丁奉马军先到，只见坛上执旗将士当风而立，却不见诸葛亮，忙问兵卒："诸葛亮何在？"兵卒回答说："刚才下坛去了。"

这时徐盛的船也到了。兵卒报告说："昨晚有一艘快船停在前面滩口，方才看见诸葛亮披发上船，那船往上游去了。"丁奉、徐盛连忙分水旱两路追赶。徐盛命人挂起满帆，乘风急迫。终于看见前面的船已离得不远，徐盛在船头大声高喊："诸葛先生不要走，都督有请！"诸葛亮站在船尾大声道："回去告诉你家都督，好好用兵，我暂且回夏口了，他日再容相见。"

徐盛道："暂且停一下，有要紧话说。"

诸葛亮道："我已料到都督不能容我，必定要来加害，事先叫子龙来接应。将军不必追赶了。"徐盛见前面的船没挂帆，便只顾往前赶去。待离得近了，赵子龙站在船上弯弓搭箭，"嗖"的一声射断徐盛船上篷帆的绳索，篷帆"嗖"地坠落水中，船一下子便横了过来。

赵云命人将船撑起满帆，乘风而去，快流如飞，追之不及。

岸上，丁奉唤徐盛靠岸，说道："诸葛亮神机妙算，我们不如也！"

这里有必要交代一下，诸葛亮难道真的能作法借东风吗？其实不然。冬天刮东风，是当地一个特殊的天气现象。据民间传说，有一年冬天，诸葛亮外出了解民情。他在集市上闲逛时，忽然，听到一个卖泥鳅的老汉自言自语道："要刮东风了！"诸葛亮很奇怪：冬天怎么会刮东风呢？于是，他虚心向老汉请教。老汉告诉他："民谚说：'泥鳅翻肚皮，半夜东风起。'你瞧我桶里的泥鳅正在翻肚皮，所以我知道今晚要刮东风。"

诸葛亮将这件事暗记在心。到了赤壁之战时，他知道"欲破曹公，须用火攻"，但什么时候刮东风呢？他想起老汉的话，就买了泥鳅养在桶里，当他看见泥鳅翻肚皮时，他就知道要刮东风了，所以敢大包大揽地说要借东风。

东风虽然不是诸葛亮借来的，但他能先期预测天气，靠的是平时的积累。由此也验证了这一规律：机会属于有准备的人。

十一、火烧战船

这天晚上，曹操在大寨里与部下商议，只等黄盖前来投降的消息。忽然，外面刮起了东南风。谋士程昱对曹操说："奇怪得很，冬天里居然刮起了东南风，要多加防备才行啊！"曹操不以为然，笑着说："冬至过了以后，刮一两次东南风，有什么奇怪？"忽然军士报告说江东有小船来，带了黄盖的亲笔密信。曹操拆信一看，只见上面写道："周瑜提防得紧，因此没法脱身。今天有鄱阳湖新运来粮食，周瑜派我巡哨，已有机会。好歹要杀了东吴有名的将官来投降。只在今晚三更，船头上插着青龙牙旗的，便是我所在的粮船。"曹操大喜，便和众将官来到水寨大船上，等待黄盖的船来。

天色快黑的时候，江东那边周瑜斩了蔡中、蔡和，就下命令开船。黄盖在第三只火船上，拿着快刀，向赤壁出发。这时刮起东风，波浪很大。曹操在军营里看看江水，看看月光，月光照耀江水，像万条金蛇，翻波戏浪。曹操迎着江风大笑，以为黄盖投降会带来重要情报。正在看得起劲，忽然一个军士指着远处说："江南隐隐有一堆帆幔，顺风来了。"曹操站到高处望去。有人说都插了青龙牙旗，当中有面大旗，写了先锋黄盖的名字。

曹操笑着说："黄盖果真来投降了。"等到来船渐渐靠近，程昱看出船轻，浮在水面，不像运粮船只，怀疑可能是假，把自己的想法告诉曹操。曹操这才意识到情况不妙，连忙命文聘去制止黄盖的船只前进，不让他们靠近水寨。文聘刚开出船，就被对方的飞箭射中左臂，倒在船上。文聘的船大乱，曹军迎战的船都各自奔回。这时南岸的船离曹操的水寨只有二里路，黄盖用刀一挥，前边火船一齐发火。风助火势，火船像箭一样飞射过去，烟焰满布天空。二十只火船，一齐撞进曹军水寨。曹寨里船只一时都着了火，又被铁环锁住，无法逃避。这时江对面又有炮声响起，四面火船都纷纷来到。只见三面江上，一片通红。

黄盖跳到小船上，来找曹操。曹操见到形势紧急，正不知该如何逃走，忽然张辽与十几个人乘小船接住曹操，飞奔向江岸。黄盖望见穿绛红色衣袍的下了小船，料定就是曹操，便急忙手拿快刀，紧紧追赶。曹操连连叫苦，张辽见了，拉起弓箭，等黄盖船靠近，一箭射中黄盖的肩膀，救了曹操上岸。

十二、华容逃难

刘备在夏口等候诸葛亮回来，忽然见到一队船到，原来是刘琦前来打听军师消息。刘备说：“东南风起了好久，子龙去接先生，到现在还没有回来，我不放心。”话还没说完，兵卒远指樊口港上说：“一只快船乘风而来，想必是军师。”刘备和刘琦下楼迎接。过了一会儿，诸葛亮、赵云上岸，刘备见了非常高兴，连声问候离别后的情况。诸葛亮说："现在没空叙谈别的，只问前次约好准备的军马战船，办好了没有？"刘备说："老早准备好了，只等候军师调用。"

诸葛亮与刘备、刘琦等升帐坐定。诸葛亮对赵云说："子龙带三千兵马，渡江从乌林小路，拣树木芦苇密的地方埋伏。今夜四更以后，曹操必然要从那条路逃走。等他人马走过去时，就放起火来，虽然不能杀他个干干净净，也要杀他一半。"赵云说："乌林有两条路，一条通南郡，一条通荆州，不知道他朝哪条路走。"诸葛亮说："南郡形势紧迫，曹操不敢去，必定奔荆州，然后朝许昌逃跑。"赵云领命离开。

诸葛亮又对张飞说："翼德带三千人渡江，切断彝陵这条路，去葫芦谷口埋伏。曹操不敢走南彝陵，必定往北彝陵方向逃走，到了那里，难免要埋锅烧饭。一旦你看到冒烟，就从山边放起火来。即使捉不到曹操，翼德这场功劳也不小。"

张飞奉命走出以后，诸葛亮又叫糜竺、糜芳、刘封三人各乘船只到江心里，准备搜索败兵，夺取军器。三个人领令去了。最后诸葛亮站起身对刘琦说："武昌一带，非常重要。公子请回去，带领部下驻扎江岸。曹操被打败以后，必然有败兵逃来你处，来了就捉住，千万不可轻易离开城池。"刘琦辞别刘备等走后，诸葛亮对刘备说："主公可以在樊口驻扎，登上高地，坐看今夜周郎成大功。"

关羽一直站在身边，诸葛亮也不去理睬。关羽忍耐不住，大声说道："关某自从跟随哥哥作战，许多年来，从没有落后，今天面临大敌，军师却不用我，这是什么意思？"诸葛亮笑着说："云长不要见怪，我本来打算要你守住一个重要地方，只感到有些不妥当，不敢叫你去。"关羽问："有何不妥当之处？"诸葛亮说："过去曹操待你很好，你很可能会想办法报答。今天曹操败退时，必然从华容道逃走。如果要你去守那里，难免会放他过去，因此迟疑着未能做出决定。"

关羽表示："军师真是太多心，过去曹操待我确实不错，但是我斩颜良，解白马的包围，已报答过他了。今天撞到他，怎么肯轻易放过？"诸葛亮问："倘若放了他，怎么办？"关羽说："愿受军法处置。"诸葛亮说："既然这样，就写下军令状。"关羽写下军令状以后，对诸葛亮说："如果曹操不从华容道走，怎么办？"诸葛亮说："我也给你写下军令状。"

诸葛亮说："云长在华容小路上，找高地堆些柴草，放起烟火，可以引曹操过来。"关羽说："曹操望见烟，知道有埋伏，怎么肯来？"诸葛亮笑着说："你不记得兵法上有虚虚实实的说法？曹操虽然会用兵，这次却可以骗过他。他看到有烟，以为是虚张声势，势必从这条路过去。将军千万不要留情。"关羽接受了命令，带了关平、周仓和五百个校刀手，向华容道去埋伏。一切部署停当，诸葛亮便和刘备到樊口观望周瑜如何用兵，留孙乾、简雍守住夏口。

再说曹操这边。曹操与张辽带了一百多人，在岸上火林里奔走，路上遇到毛阶、文聘等十多人。曹操要大家寻找道路。张辽说："只有乌林，地面空阔可走。"曹操等一行只好奔向乌林。路上又遇到江东的吕蒙、凌统，幸而被徐晃及袁绍手下降将马延、张顗等三千兵马救助。

　　曹操叫马、张二人以一千人马开路，走不到十里，又遇到江东的甘宁。马、张两个被甘宁一刀一个杀了，曹操听了，只希望合肥有兵前来救应。不料江东的太史慈、陆逊又从合肥方向杀了过来。曹操只得往彝陵奔走。路上遇到张郃，增加了人马。走到五更，回头望火光渐渐远了，曹操心里才安定一些。只见周围山川树木非常险要，于是在马上仰着脸大笑不止。部下问他为甚大笑。曹操说："我不笑别人，单笑周瑜没有计谋，诸葛亮见识很少。要是我用兵，一定预先在这里埋伏下一支人马……"

　　谁料话还没讲完，两边鼓声响起，火光冲天，吓得曹操几乎掉下马来。原来是赵云带一支兵马杀出，大叫："赵子龙奉军师命令，等候已久。"曹操教徐晃、张郃两人挡住赵云，自己脱身，冒烟突火逃走。天快亮时，忽然下起了倾盆大雨。曹军冒雨逃跑。等到雨停风住，大家都跑得疲惫不堪了，肚里也很饥饿，正要起火烧饭，后面一支兵马赶到，曹操心里很慌，一看，原来是李典、许褚保护着他手下的谋士们来到。曹操很高兴，打听了当地地名，有人说："一边是南彝陵大路，一边是北彝陵山路。"曹操问："哪里奔南郡、江陵最近？"军士说："从南彝陵过葫芦口最方便。"曹操便吩咐向葫芦口进发，等到走近葫芦口，人马都饿得不能行动了。

　　曹操命大家休息烧饭，军士们纷纷脱掉湿衣在风头吹晒。曹操坐在树林中，又是仰脸大笑。部下说："刚才丞相笑周瑜、诸葛亮，惹出赵子龙来，损失了不少人马，现在又为甚大笑？"曹操说："我笑诸葛亮、周瑜到底智谋不够。如果是我用兵，就在这里埋伏一支人马，我们纵然可以逃得了性命，也不免损失惨重。他们看不到这一点，所以我笑。"

正在说话的时候，曹军前后一齐喊叫起来。曹操大吃一惊，连忙跳上马，其他的人还来不及上马，只见四面都是烟火，山口里一支兵马杀出来，带队的大将正是张飞。张飞横住马大叫："曹操哪里去！"曹军见到张飞，都很胆寒。许褚、张辽、徐晃等紧紧围住张飞，两边人马混战了一阵，曹操又在乱军中乘机逃走。曹操看着张飞追兵渐渐离远，又查看了部下，大将们大都负了伤。

曹操等又朝前走了一段路，军士报告说："前面有两条路，请问丞相从哪条路走？"曹操问："哪条路近？"军士说："大路比较平稳，却多走五十多里，小路走华容道，只是地窄路险，不大好走。"曹操派人上山去看，回报说："小路山边有几处烟，大路却没有动静。"曹操命走华容道小路。部下大将们都说："有烟就有兵马，为甚反走此路？"曹操说："兵书上说过，虚就是实，实就是虚，诸葛亮多计谋，所以派人在山野里烧烟，骗我军不敢从山路通过，他却把兵马埋伏在大路旁边等候。我料定如此，偏不中他计策。"

于是，曹操一行上了华容道。这时，人已饿极，马也疲乏不堪。军士们有的焦头烂额拄着拐杖在走，中箭中枪的勉强地移动脚步。正走间，忽然前面兵马停止前进，有人报告说："山路窄，又有坑洞，下雨以后，泥陷马蹄，不能前进。"曹操非常生气，下令强壮的军士在路旁砍下树木，填塞山路，并让张辽等拿刀在手，有迟慢的立刻斩首。一时曹军上下哪敢怠慢，有时后面踏着前面的人马过去，号哭的声音，沿路不断。曹操非常生气，传下命令哭者立斩。

过了不平的小路，曹操看看左右只有三百多人，衣服兵器都已很不整齐。曹操催大家快走，军士们都说："马走累了，歇歇腿吧！"曹操说："赶到荆州休息也不迟。"没走几里，曹操又在马上扬着马鞭大笑。大家问："丞相为什么又笑？"曹操说："人家都说周瑜、诸葛亮计谋很多，依我看，到底是没用的人。如果在这里埋伏下一支兵马，我们都逃不了命。"

话没说完，一声吼叫，两边五百个校刀手一字摆开，当头的大将便是关羽，拦住了去路。曹军见了，吓得个个你看我，我看你。曹操说："既然到了这里，只得决一生死。"大将们说："纵然人不怕，马已经没力气了，怎能再战？"程昱说："我知道关云长向来很重情义，丞相过去对他恩情不小，现在只要亲自向他求情，便可以摆脱这一难关。"

曹操依照他的话，催马上前，弯弯腰对关羽说："将军近来好吗？"关羽也弯弯腰回答说："关某奉军师命令，等候丞相已久。"曹操说："曹某兵败，情势危急，到这里没路可走，望将军不要忘了过去的情分。"关羽说："过去关某虽受了丞相的厚恩，但是斩颜良，解白马之围，已经报答过了。如今怎敢因私情而忘掉公事？"曹操说："将军过五关斩我六将之事，还记得吗？我不但未加怪罪，还特派人传令为将军放行。大丈夫要重情义。"关羽听后，低头不语。

关羽想起过去曹操待他实在不差，看看眼前曹军狼狈不堪的状态，心里实在有点不忍。左思右想，终于把马头拉回，对军士们说："散开！"显示出愿意放过曹操的意思。曹操见了，便与部下一齐冲了过去。

关羽放走了曹操，带领军士回到夏口。这时各路兵马都缴获了不少曹军的马匹、军器、钱粮，唯独关羽空手而回。诸葛亮正在给刘备道喜，忽然有人报告关羽回营。诸葛亮连忙离开座位，拿起酒杯欢迎关羽说："将军立了大功，替天下除了大害，应当庆贺。"关羽没有开口。诸葛亮说："将军是否因我们不曾远迎，心里不痛快呀？"

于是，诸葛亮对左右的人说："你等为甚不早一点报告？"关羽说："关某特地来请死。"诸葛亮说："难道是曹操不曾走华容道吗？"关羽说："是从那边走过的，只因关某无能，让他逃走了。"诸葛亮说："捉到了什么将士？"关羽说："不曾。"诸葛亮说："这是云长念及曹操过去的恩情，故意放了。但既然有军令状在此，不得不按军法处置。"

诸葛亮命令武士将关羽推出斩首。刘备连忙说："过去和关、张结拜兄弟时，发誓要同生共死。今天云长虽然犯了法，我不忍违背过去的誓言。希望暂时记下这一过失，等以后立了功再赎罪。"

诸葛亮这才饶了关羽。自此，关、张二人对诸葛亮心服口服，再也不敢违抗军令了。

赤壁战后，曹操留下曹仁、徐晃守住江陵，乐进守襄阳，自己率领人马回北方去了。此后很长时间，曹操都没有力量向南发展。

上述内容虽然为小说情节，但结果就是如此曹操逃回了北方。

同样是以弱胜强的著名战例，与官渡大战不同的是：曹操在赤壁之战中成了失败者。曹操在剿灭袁绍、平定中原、志得意满时主动采取的冒险行动，在冒险南征之前，就有点儿头脑发热，官渡之战后滋生的骄傲自满、目空一切的情绪牢牢控制了他，使他错误地估计了形势，低估了孙刘联军的实力。战争开始后，曹操自负轻敌，指挥失误，加之水军不强，终于在赤壁被头脑清醒、准备充分的孙刘联军彻底击溃了，最后一败涂地。战后，刘备乘胜取得武陵、长沙、桂阳、零陵四郡；次年又任荆州牧，奠定了壮大发展、进据益州的基础。曹操吸取失败教训，大兴水军，进控江淮，与孙权对峙。孙权为抗曹，继续与刘备联盟，任其在荆州发展。由此刘备得到一块较好的地盘，结束了漂泊的生涯，三足鼎立格局逐渐形成。

第八章　同盟破裂

一、赤壁战后的形势

赤壁之战的结果是曹操、孙权、刘备三方瓜分了荆州（州治在今湖北襄阳）：曹操占据南阳（郡治在今河南南阳）和江夏（魏郡治在今湖北云梦县西南）北部；孙权占据江夏（吴郡治在今湖北鄂州）南部和南郡（郡治在今湖北江陵县）；刘备乘周瑜进攻南郡的机会，夺取了武陵（郡治在今湖南常德）、长沙（郡治在今湖南长沙县）、零陵（郡治在今湖南永州零陵区）、桂阳（郡治在今湖南郴州）四郡。这时除曹、孙、刘三大集团外，还有关中的韩遂、马超，汉中的张鲁，益州的刘璋等割据势力。

曹操在赤壁战败后，看到孙、刘的势力一时难以消灭，遂控制襄樊、合肥等战略要点，对孙、刘暂取守势，集中主要精力整顿内部，恢复力量，准备向关陇和巴蜀扩张势力。

孙权在赤壁战后企图西取益州（州治在今四川成都市），南取交州（州治在今广东广州），进一步发展势力。孙权在荆州牧刘琦死后，举荐刘备继领荆州牧，并把自己的妹妹嫁给他，进行笼络。

刘备则另有打算。他怕孙权夺取荆州的江南四郡，于建安十四年（209）十二月，向汉献帝推荐孙权为车骑将军，领徐州牧，暗示徐州（州治在今山东郯城县）是孙权的发展方向。刘备一方面着意巩固所占荆州南部地区，命诸葛亮管理长沙、零陵、桂阳三郡，调整赋税，增加收入，充实军饷；另一方面则积极准备夺取益州。建安十五年（210）十二月，刘备以江南四郡"地少，不足以安民"为借口，要求孙权把南郡借给他，企图控制整个荆州。

南郡太守周瑜认为"刘备寄寓，有似养虎"，将来必然成为东吴的主要威胁，不但不同意借南郡，还主张吞并刘备所占地区。当周瑜由江陵出兵，准备西取益州时病发而死。孙权任命鲁肃为奋武校尉，接管周瑜的部队，另任程普为南郡太守。鲁肃是主张联刘破曹的。所以，他主张把南郡借给刘备。孙权既怕曹操再下江南，又怕刘备势力发展，但因当时曹操对其威胁仍大，为了维持孙、刘联盟，不得不同意把南郡借给刘备，改任程普为江夏太守，另从长沙郡辟出汉昌郡，以鲁肃为太守。

建安十五年（210），孙权占领交州，打算接着夺取益州，派人试探刘备的态度。当时刘备也正准备取蜀，当然不会同意，于是以巴蜀地险路远，难期必胜，曹操正欲"观兵于吴会"，刘璋是汉代宗室，不应"无故自相攻伐"等为理由，劝阻孙权。孙权不听，派将军孙瑜率水军西进。

刘备也不示弱，命关羽屯江陵（今湖北江陵县），张飞屯秭归（今湖北秭归县），诸葛亮驻守南郡，自己屯屠陵（今湖北公安县西南），挡住孙瑜的去路。孙权无可奈何，只好召还孙瑜，但对刘备深为不满。

建安十六年（211）三月，曹操经过两年的休整，力量得到恢复，便率兵去兼并凉州（州治在陇县今甘肃张家川县）的韩遂、马超和汉中（郡治在南郑今陕西汉中）的张鲁；八月，击破韩遂、马超集团；十二月，向汉中进军。益州刘璋恐曹操在攻占汉中后乘胜入蜀，派人请求刘备援助。刘备于是留诸葛亮、关羽守荆州，自率步卒万人乘机入蜀。这就使孙权更为不满，将自己的妹妹接回东吴，准备与刘备决裂。刘备在取得益州官僚地主集团的支持后，于建安十九年（214）吞并了益州，以荆、益两州为基础建立起割据政权。益州物产丰富，受战争破坏较少，刘备的力量得到了迅速发展。

刘备阻止孙权夺取益州，而自己却以援助为名，用武力吞并了刘璋，这使孙权十分恼怒，大骂刘备"猾虏，乃敢挟诈如此"。在刘备取蜀期间，孙权于建安十八年（213）正月，以七万人击退了曹操号称四十万人的进攻。这一胜利减少了孙权对曹操的顾虑，促使他决心夺取荆州。建安二十年（215）春，孙权派诸葛瑾（诸葛亮之兄）向刘备索取荆州，刘备以"须得凉州，当以荆州相与"为借口拒绝归还。孙权派出官吏强行接管长沙、桂阳、零陵三郡，都被镇守荆州的关羽逐走。孙权又派左护卫军、虎威将军吕蒙率兵两万夺取三郡，很快夺占长沙、桂阳二郡，进围零陵。

　　刘备自益州率五万人到达公安（今湖北公安县西北），并派关羽率三万人同吕蒙争夺三郡。孙权也亲到陆口（今湖北嘉鱼县西南），命鲁肃率一万人进占益阳（今湖南益阳）抗击关羽，并命吕蒙夺取零陵，移兵益阳。双方兵威相加，战争有一触即发之势。恰好这时曹操进攻汉中，刘备恐怕益州有失，遣使向孙权求和。孙权也自感兵力不足，没有取胜的把握，于是双方达成和议，以湘水为界，平分了荆州：江夏、长沙、桂阳属孙权；南郡、武陵、零陵属刘备。同年十一月，张鲁投降曹操，曹操占领了汉中。

　　孙、刘和议达成后，鲁肃镇守陆口。当时吕蒙对鲁肃说："你与关羽守地接壤，斯人长而好学……然性颇自负，好凌人（欺压人）。今与（关羽）为对，当有单复以乡（向）待之。"要鲁肃用公开的与暗中的两种策略对待关羽。但是，鲁肃一贯主张"抚辑关羽"，共对曹军，因此，双方相安了两年。建安二十二年（217）鲁肃病死，由吕蒙代统其万余人马，继续镇守陆口。他认为"羽素骁雄，有兼并之心，且居国上流，其势难久"，最终必东下攻吴，便秘密地向孙权提出了进攻关羽的建议。孙权要吕蒙比较一下攻荆州与攻徐州究竟哪一方案有利。吕蒙认为徐州守兵不多，夺取容易，但地势平坦，便于曹军骑兵发挥威力，夺取之后用七八万人防守也无把握；"不如取羽，全据长江，形势益张，易为守也"。孙权同意了吕蒙的意见。

　　建安二十二年（217）春，曹操进攻濡须口（今安徽无为县东南，在长江北岸），孙权率军抗击，相持月余，曹军撤退。孙权为了夺取荆州时，避免两面作战，派人向曹操请和，曹操也派人表示和好。

建安二十四年（219）五月，刘备占领汉中，曹军退回长安。刘备又派将军孟达、刘封占领了房陵（今湖北房县）和上庸（今湖北竹山县西南）。诸葛亮在"隆中对"中提出的方略正在着眼实现，形势对刘备越来越有利。孙权为结好关羽，曾遣使聘关羽女为其儿媳。本来这是加强吴蜀联盟的大好机会，但是关羽却自大无谋，把吴国使者痛骂一顿，从而引起孙权对蜀国的更加不满。七月，孙权乘曹军主力在汉中与刘备作战的机会，进攻合肥，曹操又调兵到淮南与孙权作战。关羽利用这个机会，留南郡太守糜芳守江陵，将军傅士仁守公安，自率主力进攻樊城。

当时，曹操方面由征南将军曹仁镇守樊城，左将军于禁、立义将军庞德等军驻在樊城北面，将军吕常防守襄阳，平寇将军徐晃驻南阳。八月大雨，汉水泛滥，于禁所率七军遭水冲淹。关羽乘机进攻，于禁战败投降，庞德被杀，数万人被俘。关羽乘胜围攻樊城，并派一部分军队围襄阳。

曹操的荆州刺史胡修及南乡（郡治在今河南淅川西南）太守傅方投降，关羽的先头部队进占偃城（今湖北襄州区北），深入郏县（今河南郏县），使许昌（今河南许昌县东）地区的魏国军民人心惶惶。陆浑（今河南嵩县东北）县的孙狼也起兵反曹，活动于许昌南部，响应关羽。

这时，徐晃和赵俨率兵救樊城，因兵力不足，只夺占偃城以牵制关羽军。樊城被洪水冲淹，有人建议曹仁趁关羽尚未围城，乘船逃走。汝南（郡治在今河南汝南县东北）太守满宠认为："山洪疾速，不会持久。

现在许昌以南百姓扰扰，关羽所以不敢直进，是顾虑樊城之军扼其后路。如果撤退，则大河以南势将不保。"他主张坚守樊城。曹仁接受满宠的建议，激励将士，坚守待援。

关羽军步步北进，曹操感到形势不利，准备迁都。丞相军司马司马懿等献计说："刘备、孙权，外亲内疏，关羽得志，权必不愿也。可遣人劝权蹑其后，许割江南以封权，则樊围自解。"曹操采纳了这个利用和扩大孙、刘矛盾来从中取利的策略，一面令徐晃自南阳南下救樊城，另一面遣使赴吴，拉拢孙权，使吴出兵攻关羽后方，以利解救曹军樊城之危。

二、江陵之战

刘备力量的迅速发展，使孙权感到恐惧。孙权得到曹操书信后，便欣然同意。当时，东吴内部也早有袭取荆州的谋议。在关羽进攻樊城时，吕蒙认为这是东吴夺取荆州的有利时机，向孙权建议说："现在关羽进攻樊城，留守部队很多，这是因为他担心我趁机抄他的后路。我常患病，正可以治病为名，回到建业（今江苏南京）。关羽见我离开，以为我们没有夺取荆州的意图，必然抽调守备部队加强对襄樊的攻势。那时我军便可昼夜兼程，逆江而上，乘其后方空虚，袭占南郡，擒获关羽。"孙权采纳了吕蒙的建议。于是吕蒙佯称病重，孙权也公开地召还吕蒙，以一个

"未有远名，非羽所忌"的陆逊为偏将军、右部督代替吕蒙。

陆逊为了进一步麻痹关羽，到陆口后给关羽去信，自称书生，并极力称赞关羽的军威，以增加其骄气。为了引诱关羽从江陵抽兵，他又指出："曹操狡猾，很可能暗中增加兵力，要关羽不要轻视曹操。"关羽攻樊城、襄阳日久不下，曾数请上庸方面的刘封、孟达派兵支援，均无结果。但又不敢调用后方兵力，及得信后，为陆逊的谦词称颂所迷惑，果然"稍撤兵以赴樊"，放松了对东吴的警惕。

关羽在樊城作战时，由留守后方的糜芳和傅士仁负责物资供应。由于他们供应不力，加之南郡城中失火，又烧毁了不少物资，使关羽十分愤怒，声言要严加惩治。后来，关羽俘获了于禁的数万人马，粮食更加困难，便强取东吴屯在湘水东岸的粮食，以供军食。这就更加激怒了孙权。建安二十四年（219）闰十月，孙权遂命吕蒙为大都督、孙皎为后继，率兵袭击江陵。

孙权为了防备曹军由徐州南下袭击，写信给曹操，表明愿出兵攻关羽后方，以解曹军樊城之危，并要求为他保密。

曹操的谋士董昭主张表面上允许为孙权保密，暗中则向关羽泄露。他认为，若关羽撤兵，不但樊围自解，还可使孙、刘"相对衔持（互相拼杀），坐待其弊"；如为之保密，被围将士不知有救，会因粮食不足而军心动摇。曹操曾欲自率大军救曹仁，后听取侍中桓阶的建议，未直趋樊城，而亲自率兵由洛阳南下，驻摩陂（今河南郏县），与之遥相呼应；先后派将殷署、朱盖率十二营往樊城增援，并命以前派去解围的徐晃用箭将信射入樊城及关羽营中。樊城的曹军将士得信士气增高，关羽自恃江陵、公安的守备坚固，仍围城不撤。不久，曹军的增援部队赶到，徐晃发起反击。关羽失利，解围撤退。

这时，吕蒙正率军沿江而上，进到寻阳（今湖北广济市东北）时，把精兵隐藏在大船舱内，使摇橹者穿着平民服装，伪装成商人，昼夜不停地溯江而上。行至夏口（在今湖北武汉），即命右护军蒋钦率水军逆汉水而上，阻止关羽的水军南下。吕蒙在陆口会合陆逊后继续西进。过了巴丘（今湖南岳阳县）即进入蜀军地界的公安境内，吴军乘其不备把关羽在江边所设的屯候（警戒部队）全部扫除，使关羽失去了耳目，不知吴军西进。防守江陵、公安的麋芳和傅士仁本来就不满关羽对他们二人的轻视，这次关羽出征，又因军资供给不能满足要求，怕关羽惩治他们，心中恐惧。吕蒙利用其内部矛盾，令骑都尉虞翻写信劝降了驻守公安的傅士仁。驻守江陵的麋芳见傅士仁投降，也开城出降。吴军遂兵不血刃地占领了公安、江陵。

吕蒙占领江陵后，为了瓦解蜀军和争取当地士民的同情，抚慰蜀军将士的家属，"疾病者给医药，饥寒者赐衣粮"，并下令军中，不得惊扰居民。陆逊继续率军西上，攻占夷陵（今湖北夷陵区东南）、秭归（今湖北秭归县），切断关羽入川的退路，阻止刘备向荆州增援。

关羽得知南郡失守，率军南撤。曹仁所属诸将都认为应乘机追击，但议郎赵俨主张放走关羽，使他去同吕蒙军相拼，曹仁遂停止追击。

关羽在撤军途中，曾数次派人去江陵探察吕蒙的动向。吕蒙每次都厚待使者，让使者周游城中，去访问蜀军家属。使者回去后，传播了吴军安抚蜀军家属的消息，使蜀军将士失去斗志。不久，孙权到达江陵。

十一月，关羽自知兵力薄弱，不敢回夺江陵，只好西走麦城（今湖北当阳市东南）。

三、关羽走麦城

关羽带着残兵败将来到麦城，进城后让关平指挥兵将守住四门，然后把众将叫到衙中商议。赵累说："关将军，麦城离上庸最近，上庸是刘封、孟达镇守，您可以派人去求救兵。如果上庸的兵来了，可以暂时支撑一会儿。西川大兵一到，军心自然安定。"

关羽一想，只有去上庸搬兵求救了。这时，麦城外炮鼓连天，杀声震耳，守城兵将前来禀报，吴兵已杀到麦城下，将城团团围住，安营下寨，再打算走，就得闯重围了。关羽就问众将："你们谁能闯重围到上庸求救？"

"关将军，我愿前往！"关羽一看，正是廖化。

"好吧，元俭，你无论如何要把刘封的救兵搬来。"然后命令关平把他送出重围。关羽写了一封信，让廖化藏好。等廖化吃饱喝足，到晚上开城门，关平和廖化同时杀出去，正遇见丁奉。关平跟丁奉厮杀一处，借这机会廖化闯出重围，投奔上庸。关平仍然回麦城，坚守不出。

　　廖化马不停蹄，玩着命跑，终于来到上庸。他把搬请救兵的事跟孟达、刘封一说，按说这是十万火急的事，廖化说得很清楚："现在蜀中的援兵不能马上就到，我是闯重围出来的，你们必须发兵。如果再晚一点儿，君侯被陷重围，恐怕无法营救了。"刘封本应该马上出兵，结果刘封说："将军请暂时休息，容我商议一下。"于是让人伺候廖化去休息。

　　刘封问孟达："孟将军，我的叔父被困，怎么办？"孟达说："刘将军，东吴兵精将勇，现在荆襄九郡都归了东吴，只剩下一座小小的麦城，这是弹丸之地；再说曹操亲自带几十万大军屯兵摩陂。我们只不过一座小小的山城，能有多少兵将，怎能敌两家强兵？"刘封听后不加分析，点了点头："咱们一座山城的兵将是打不了两家几十万人，可关羽是我叔叔，我怎忍心坐视不救？"

　　孟达冷笑一声："将军，你拿他当二叔，他拿你当侄子吗？当初汉中王（刘备）认你做义子时，关将军就不愿意。后来汉中王要立世子了，是立您，还是立刘禅？关羽暗地里说您是螟蛉之子，不能立您为世子，而且还劝汉中王，让他把您调到上庸，镇守山城。这是远离成都，以绝后患！怎么将军您如此糊涂？"

　　"你说得虽然对，可我没话推托此事。"刘封向孟达求策。"刘将军，这好办，你就告诉廖化，我们镇守这座山城不容易，山城的兵士并非真心归附，原来都是曹兵，而且此地民心未定，如果我们把兵将调走，上庸失守，我们也是死罪！"刘封说："好吧。"

刘封把廖化请来了。"廖将军，山城百姓刚刚归附，民心未定，兵将又少，我不能分兵去救。如果丢了这座城，父王怪罪下来，我是砍头之罪！"廖化明白了，看了看孟达，廖化急了，跪倒在地给刘封磕头："公子，如果您不去，关将军休矣！"孟达说话了："廖将军，即便我们去，一杯水能救一把大火吗？我们人太少了！将军请马上回去，静候蜀兵搭救关将军。"廖化不走，跪在大堂上给这两个人磕头，头上都流出了鲜血。没想到刘封和孟达一甩袍袖，进去了。廖化知道完了，再怎么求他们也不会发兵了，一跺脚，走出衙门，心想：我只能进西川面见汉中王搬请救兵。廖化上马大骂而去，直奔成都。

关羽可急坏了，盼望上庸的救兵，左盼不到，右盼不到，如同石沉大海，音信全无。手下只有五六百人，而且多半都带伤，城中又没有粮食，太苦了。这时，有人禀报，城外有诸葛瑾求见。关羽让人把诸葛瑾带进城中。诸葛瑾来到大堂施完礼，有人献茶，诸葛瑾落座。

诸葛瑾说："关将军，我是奉吴侯之命特来相劝的。将军，识时务者为俊杰，现在荆襄全都归了东吴，只有麦城孤城一座，内无粮饷，外无救兵，将军危在旦夕。我劝将军归顺东吴，孙将军一定让你复镇荆襄，可以保全家眷，保全性命。二将军，你要好好考虑我的话。"

关羽把脸往下一沉，左手推五绺长髯，右手一指："子瑜，我乃解良一个武夫，蒙我家主公以手足相待，我们桃园结义，誓扶汉室，我怎能背义投敌？麦城如果破了，我一死而已！玉可碎而不可改其白，竹可焚而不可毁其节。身虽殒，名可垂竹帛也！你不要再多说了，请立即出城，我要跟孙权决一死战！"

诸葛瑾不再说了，知道关羽是绝不会归降了。一块美玉可以碎了，但不能改其白的颜色；竹子可以焚烧，但不能毁其竹节。我死了，可以名垂百世。可诸葛瑾不死心，因为他跟鲁肃、诸葛亮的看法一致，孙、刘两家必须联合起来才能共抗曹操。所以诸葛瑾往出走时，回过身来又深施一礼："君侯请听子瑜一言。""讲！""关将军，上次我到荆州替我家主公求亲，为的是跟君侯结秦晋之好，同力破曹，共扶汉室，并没有其他意思。二将军为何到现在仍执迷不悟？"

关羽一摆手："来呀，送客！"愣是把诸葛瑾轰出去了。

诸葛瑾满面羞愧，只好回去禀报孙权。"主公，关羽心如铁石，说不动。"

孙权叹了一口气："关羽真是忠臣！怎么办呢？"吕范说："主公您可留神，夜长梦多！如果救兵不到，关羽要真逃走可就坏了，他一定复夺荆州！"吕蒙微微一笑："主公放心，关羽虽有冲天之翼，也逃不出吕蒙之掌。""子明，你有什么办法可以捉住关羽？""主公，他等不来救兵，一定要闯重围。我已经把麦城城外的地理情况看清楚了，关羽兵太少，他不敢从大路走。麦城正北有一条小路，十分险峻，您可以派朱然带领精兵五千在麦城北二十里埋伏好。如果关羽逃走，千万让朱将军不要拦他，在后边追杀。我想关羽军无战心，士无斗志，必然逃奔临沮。您派潘璋带领精兵五千埋伏在临沮偏僻的小路上，关羽只要跑，前有潘璋，后有朱然，必被生擒。您天天派将士攻打麦城各城门，就把北门留着，让他走。""好吧。"孙权传令，派朱然和潘璋各带精兵五千，分头埋伏，就等着生擒关羽了。

关羽这边救兵不来，而且吕蒙派荆州兵在城外叫战，这一下军心更乱了。城中又没有粮食吃，大家只能分点儿稀粥喝，谁不想活命？有些兵偷偷出城逃跑，归降吕蒙。城中的兵一天天见少。关羽着急，就跟王甫说："我十分后悔当日不听你的话！现在你我被困孤城，眼看要死，怎么办？"王甫泪如雨下："关将军，今日你我被困麦城，就是子牙复生，也无计可施！"赵累说："关将军，上庸城这么多天救兵不到，一定是他们按兵不动。既然如此，近处就没有救兵了，应该弃此孤城奔入西川，然后再整兵回来收复荆襄。"关羽点了点头："也只好如此。"

关羽来到城上绕城观看，只见北门外敌人不多。关羽命人把麦城的老百姓叫来："此去往北，地势如何？""关将军，往北去都是山间小路，可直通西川。""好，多谢了！"关羽跟王甫、赵累、关平说："今夜咱们就闯重围。"王甫说："二将军，我估计小路上吕蒙一定有埋伏，咱们可以走大路。"王甫这话是金玉良言。没想到关羽一摆手："小路虽有埋伏，我何惧哉？"

事到如今，关羽仍然想凭自己一身力气逃脱此难。所以看来关羽确实目空一切，才中了东吴的计谋。现在还能提过五关斩六将吗？只能说败走麦城了！王甫不能再说别的了，只有暗中垂泪。关羽传令，让马步官军整装待发，准备夜间闯重围。一切准备好了，王甫哭着说："君侯，我带着手下兵将看守麦城，麦城即使破了，我也绝不归降！可君侯上路一定要小心保重，我只等君侯前来救援。"关羽听到这儿，英雄气短，泪如雨下："你，自重吧。"关羽留下周仓和王甫同守麦城，自己带着关平、赵累及两百多残兵在北门里准备好了。

　　关羽现在一无谋，二无智，只剩一个勇字，孤军要深入绝境。初鼓之后，关羽传令："开城门。"麦城北门打开，关羽纵马而出，带着手下兵将往出杀。出北门后走了二十多里地，前边是山凹之处，突然炮鼓连天，杀声震耳，一员大将拦住去路，正是朱然。朱然高声喊嚷："关羽还想走吗？趁早下马归降，免得一死！"关羽气坏了，手中刀头都颤了，往前一催马，抡刀就剁，人家朱然不打，拨马走了，关羽乘势追杀。跑着跑着，突然前边锣声一响，伏兵四起，关羽可不敢打了，就往临沮小路而来，只有这条小道了。朱然指挥大队人马往前冲杀。关羽的兵只剩下二百多，越往前人越少，都归降东吴了。走出四五里地，前边喊声又起，出现一员大将，正是潘璋，杀上前来。"关羽休走，看刀！"关羽立刻合刀招架。两个人打了三个回合，潘璋拨马就走。关羽不敢再恋战，指挥残兵败将往山路而行。

　　这时关平过来了："父亲，赵累将军已死在乱军中！"关羽一回头，泪如雨下地说："儿啊，随我来。"关平带着残兵败将跟着关羽往前走，关平断后，关羽在前。走着走着，前边两面都是山，而且山边净是芦苇、荒草，树木丛杂，此时已经五更天了。

　　突然两边喊杀声起："来呀，拿下关羽！"关羽一愣，突然这匹马扑通一下被绊倒了。原来两边是东吴兵将埋伏的绷腿绳、绊马索，绊倒了赤兔马。关羽翻身落马。潘璋手下的战将马忠带着兵将就把关羽摩肩头拢二臂绑上了。关平听说父亲被擒，赶紧催马过来。这时潘璋、朱然指挥兵将把关平团团围住。关平孤身独战，也被东吴兵将捉住。就这样，名将关羽命丧黄泉。

关羽被杀后，刘备的荆州各郡均为孙权所占。孙权令陆逊为右护军、镇西将军，屯夷陵，守峡口，以防刘备由蜀出兵。

第二年秋天，蜀上庸守将刘封与孟达不和，孟达以上庸降曹，刘封回成都。因其未发兵援救关羽，被刘备"赐死"。至此，刘备在大巴山以东的地区全部丧失。

江陵之战，东吴抓住关羽进攻樊城后方空虚的有利时机，突然袭击江陵，一举全歼关羽军，并且速战速决，避免了曹操的乘机进攻。但是，这一作战行动破坏了孙刘联盟，从共同抗曹的长远利益来看，是失策的。

四、刘备称帝

关羽被杀，荆州丢失，让刘备失去了直接攻击襄阳、樊城的根据地，也无法从荆州出兵北伐，而且大长了孙权的势力。

紧接着，就在关羽被杀后不久，曹操在第二年（建安二十五年，220

年）的元月，因病去世，享年 66 岁。

曹操去世后，他儿子曹丕继任为魏王。就在同年十月，曹丕逼迫汉献帝让位给他，当上了皇帝，改元黄初，史称魏文帝，改封汉献帝为山阳公。曹丕称帝后，改国号魏，建都洛阳。

原来，刘备开始得知关羽连连获胜的时候，自然非常兴奋，可诸葛亮提醒刘备要注意关羽的后方，也就是防备孙权。刘备就派人向驻扎上庸的孟达和刘封传令，要他们密切注意荆州军情，随时准备支援。

等吕蒙偷袭荆州时，陆逊同时占领秭归，封锁住三峡口，使刘备与荆州的联系中断——益州与荆州之间有三峡阻隔。虽然与荆州中断联系，而上庸还随时可以传报军情，刘备积极准备东征荆州增援关羽。他总以为如有紧急情况，孟达和刘封必会先行驰援，情况不至于太坏。可是，孟达和刘封居然对关羽的命令或者说是求援无动于衷。

等到关羽被杀，荆州丢失，刘备再得到消息，一切都来不及了。

刘备痛失关羽，急火攻心，一下子病倒了。刘备以为非得重重惩罚孟达和刘封不可，否则对不起死去的关羽。

诸葛亮劝阻说："这件事急不得，逼急了，会生变故。"

果然，没过几天，孟达派人送来辞职书，然后怕刘备治罪投降魏国了。

曹丕欣然接受孟达，封他为新城太守。因新城邻近益州，曹丕是想把孟达作为日后进攻益州的先锋使用。孟达投降后，受命于徐晃去进攻上庸，逼降上庸太守申耽，打跑了孤军奋战的刘封。刘封只好跑回成都向刘备请罪。

刘备这时气头已过，又念与刘封义子之情，不忍杀刘封。

诸葛亮却认为太子刘禅个性太过于温顺，刘封则性情刚猛，骄奢强悍，日后可能威胁到刘禅的王位，因此劝刘备借此机会除掉刘封。刘备就下令让刘封自杀了。

这段时间，刘备想东征孙权，替关羽报仇，可因孙权与曹丕关系甚密，使益州北、东防线受到威胁，也只好暂时忍耐。

不久，传来曹丕篡汉自立的消息，又听到汉献帝遇害的谣传，令刘备和诸葛亮受到极大震撼。刘备只得把东征孙权的事再放一放。

知道曹丕篡汉自立后，益州群臣劝刘备承继汉之大统，登基称帝。刘备犹豫不决，又听说孙权向曹丕遣使称臣，曹丕晋封孙权为吴王，不禁大怒，又想立刻举兵东征孙权。

诸葛亮只好苦劝刘备，说："当年吴汉、耿纯等劝世祖（光武帝）即帝位，世祖前后谦让了四次，耿纯进而表示：'天下之英雄，跟着你出生入死，都是抱有希望，如不依从他们，他们将各自散去，不再为你效命了。'世祖为耿纯的真诚而感动，就答应了。"

"如今曹丕篡位，天下无主，大王乃汉室苗裔，更应继世而起，现在称帝，正是时候。诸士大夫随大王征战历年，都希望得到尺寸之功，如同耿纯向世祖所言，你让他们失望，谁还追随你呢？"

刘备也怕众叛亲离，就同意称帝。

在曹丕称帝的第二年（建安二十六年，221 年）四月，刘备在成都即帝位，国号仍为汉，也称蜀，史称蜀汉，改建安二十六年（221）为章武元年。

刘备称帝，孙权也不甘落后，转过年，也就是魏黄初三年（222）十月，孙权称吴王，改元黄武。

孙权建都南京，此后东晋和宋、齐、梁、陈因袭之，使南京成为六朝古都。

五、夷陵之战

刘备称帝一个月之后，准备大举攻吴，夺回荆州。当时翊军将军赵云对刘备说："主要敌人是曹魏，不是孙吴。如果先灭曹魏，东吴则不攻自服，当前的主要作战方向应该是进取曹魏的关中，控制黄河与渭水上游，届时关东的反魏势力必定响应，不应当置魏于不顾，而去同吴国作战。"诸葛亮等群臣都不同意攻吴，但刘备不听。孙权夺占荆州后，为了巩固既得利益，两次遣使向刘备求和，遭到刘备拒绝。吴南郡太守诸葛瑾也写信对刘备说："你发兵白帝（今重庆奉节县东），欲报吴夺荆州、杀关羽之仇，但关羽之仇与曹氏杀汉献帝（相传献帝被曹丕杀害）之仇，哪个更大呢？荆州一地与海内相比，哪个更大呢？魏和吴都是你的敌国，首先应当对付哪一个？这些只要你认真想一想，是不难决定的。"刘备仍置之不理。在刘备即将出兵之前，派车骑将军张飞率兵万人会师江州

（州治在今重庆）东下。可张飞还未及出动，便被部将暗杀。

江陵战后，吴、蜀的边界已向西移到巫山附近，长江三峡是吴、蜀之间的主要通道。刘备为了夺取峡口，保障军队顺流东下，于魏黄初二年（221）七月，派将军吴班、冯习率兵四万，击破李异、刘阿等部吴军，占领了秭归，获得了有利的进攻出发地。刘备自率主力拟沿江而下，留赵云于江州为后军督，策应主力的行动。

蜀军占领秭归、巫县（今重庆巫山县北），吴蜀关系公开破裂，战争序幕已经拉开。孙权立即命镇西将军陆逊为大都督，统率将军朱然、潘璋、宋谦、韩当、徐盛、鲜于丹、孙桓等部共五万人抵御蜀军。当时武陵郡的部族首领沙摩柯反吴投蜀，形势对东吴不利。孙权恐魏国趁机出兵，便于八月向曹丕卑辞称臣。魏侍中刘晔主张兴师渡江，一举灭吴。曹丕未采纳，但接受了吴国的求和，并象征性地封孙权为吴王。孙权避免了两面作战，遂集中力量防御刘备的进攻，而陆逊却选择战略退却。

魏黄初三年（222）正月，蜀国将军吴班、陈式率水军屯夷陵。二月，正当刘备由秭归大举进兵时，治中从事黄权向刘备建议，吴军战斗力强，现在沿江而下，进易退难，愿自为前锋先行试攻，请刘备率主力殿后，伺机而动。刘备不同意，命黄权为镇北将军，节制江北各军，防御魏军，自率主力沿江推进。

蜀军顺江而下，锐不可当。吴军先让一步，主动撤退，至夷道（今湖北宜都市，在长江南岸）、猇亭（今湖北宜都市北独亭区古老背，在长江北岸）一线后，转入防御，阻止蜀军前进。这样，吴军把兵力难以展开的数百里的崇山峻岭地段让给了蜀军。

当时，东吴诸将主张立即迎击蜀军。陆逊分析情况说："备（刘备）举军东下，锐气始盛，且乘高守险，难可卒（猝）攻，攻之纵下，犹难尽克，若有不利，损我大势，非小故也。今但且奖励将士，广施方略，以观其变。若此间是平原旷野，当恐有颠沛交驰之忧，今缘山行军，势不得展，自当罢（疲）于木石（山林）之间，徐制其弊耳。"陆逊的防御方针是扼守要隘，避锐乘疲，伺机决战。吴军诸将不了解陆逊的意图，以为陆逊怯弱，甚为愤懑。

陆逊转入防御后，刘备命侍中马良自佷山（今湖北长阳县西）至武陵，联络沙摩柯等当地部族首领起兵攻吴。蜀军在夷陵以西一带被遏阻于沿江峡谷，不得东进。陆逊扼守要地，坚不出战。

蜀军屡攻不下，刘备便在巫峡、建平（今重庆巫山北）至夷陵一线数百里，立了几十个营寨。他曾派吴班率数千人在平地立营，另埋伏八千人于山谷，企图引诱吴军出战，结果被陆逊识破，诱击未成。两军从正月到六月相持不决。陆逊坚守不战，破坏了刘备恃优势兵力企求速战速决的计划。

陆逊见刘备的攻势已被遏止，上疏吴王："开战之初，所顾虑的是蜀军水陆并进，夹江直下；现在蜀军舍舟就陆，处处结营，从其部署来看，不会有什么变化。击破蜀军，当无困难。"陆逊深知刘备用兵多年，故开战之初，避其锋芒，控扼要隘，使之无计可施，然后伺机而击。蜀军屡攻不下，诱击不成，被迫舍船上岸，屯扎于沿江一线的山谷，处处结营，兵力分散，这就为吴军的反攻提供了可乘之隙。

当时，吴王孙权的侄儿安东中郎将孙桓被围于夷道，请求增援。陆逊为了不分散和过早地消耗兵力，没有答应。部将们都认为孙桓被围久困，应当分兵往救。陆逊告诉他们说："孙桓在军中有声望，加之城垣坚固，粮食充足，可以坚守，待粉碎蜀军主力之后其围自解。"当时一些宿将贵戚十分自傲，心口不服，陆逊断然以军令不可违犯予以警告，从而保证了指挥的集中统一，孙桓也果然守住了夷道。

六月，陆逊认为反攻时机已经成熟，准备立即行动。但诸将认为已失战机，因为蜀军已深入吴境五六百里，相持七八个月，阵营已固，反攻必然失利。陆逊向他们说明反攻时机成熟的理由："其军始集，思虑精专，未可干（迎击）也。今住已久，不得我便（对吴军无隙可乘），兵疲意沮，计不复生，犄角此寇，正在今日。"

在反攻前，陆逊先进行试攻，没有成功，诸将都认为是白费兵力，而陆逊却说已知破敌之法。时当盛夏，蜀军营寨均以木栅构成，地处峡谷，草树丛生，利于火攻。陆逊命士卒各持一束茅草，顺风点火，乘势发起反攻，蜀军大乱。虎威将军朱然率军五千突破蜀军前锋，接着插于蜀军之后，与偏将军韩当所部进围蜀军于涿乡（今湖北宜昌西），切断了蜀军退路。振威将军潘璋所部直攻蜀军冯习军。绥南将军诸葛瑾、建忠郎将骆统、兴业都尉周胤亦率部配合陆逊的主力在独亭向蜀军发起反攻。吴军迅速地攻破蜀营四十余座，并用水军截断了蜀军长江两岸的联系。

蜀将张南、冯习战死，杜路、刘宁等投降。侍中马良及武陵部族首领沙摩柯所部亦被吴平戎将军步骘歼灭于零陵、桂阳地区。刘备被迫退守马鞍山。陆逊督诸军四面围攻，前后共歼蜀军数万人。蜀军所有的舟船、器械、物资全部损失，蜀国元气大伤。刘备乘夜逃走，行至石门山（今湖北巴东县东北），被吴将孙桓追逼，几乎被擒，后靠驿站人员焚烧溃兵所弃的装具堵塞山道，才摆脱追兵，退回永安（今重庆奉节县东）。镇东将军赵云率军由江州到达永安，阻止吴军西进。

这时，黄权所部正在江北防御魏军。刘备败退，黄权后路被吴军截断，八月，率众投降了曹魏。

刘备逃到永安后，吴将徐盛、潘璋等都主张继续追击蜀军，扩大胜利。陆逊认为曹丕名义上协助吴军进攻刘备，实则另有打算，必须警惕魏军，而且赵云已率军将达永安，击破赵云军亦无把握。于是停止追击，决定撤兵。九月，曹丕果然发动进攻，因陆逊预有准备，相持了半年，最后魏军毫无结果地退兵了。

夷陵之战是一次以少胜多的著名战例。吴国之所以能取得这次战争的胜利，是有其主客观原因的。吴国在夺占荆州之后，扩大了占领地区，完全控制长江中下游，人力、物力比蜀汉雄厚，且在自己区域内作战，可就近补充。在外交上，孙权争取了曹魏的暂时中立，从而避免了两面作战；向刘备求和虽然没有成功，但也起到了抗蜀有名、鼓舞士气的作用。战争开始之后，陆逊采取先让一步、后发制人的作战方针，实行大胆的战略退却，扼守峡口要点，迫使对方优势的兵力难以展开。吴军经过半年多的防御，终于疲惫了蜀军，使其士气沮丧，一筹莫展；使自己摆脱了不利的态势，掌握了主动，在有利的情况下集中兵力同蜀军决战。在整个作战过程中，陆逊始终实行集中指挥，决心果断，不受干扰；反攻开始之前。通过试攻，定出火攻破敌的战法；反攻开始之后，又能集中兵力于主要方向，连破蜀军营垒，包围蜀军主力，水陆并进，切断蜀军各部之间的联系和退路，因而取得了夷陵之战的胜利。

江陵和夷陵之战是吴蜀争夺荆州战争的两个阶段。战争结果吴胜蜀败，曹魏亦得利不少。

联吴抗曹进而灭魏击吴，这本来是蜀汉早已定下的军国大计。但关羽和刘备缺乏远见和政治头脑，在荆州问题的处理上，一错再错，屡次损害同盟关系。东吴谋取荆州，由来已久，所以迟迟未作大规模的行动，主要是顾忌曹魏乘机袭击。孙权决心对蜀用兵、夺回荆州前，不惜一再屈尊于魏，甚至称臣受封，为的是避免两面作战，以便集中较多力量于荆州方向。终于两战俱胜，夺占了荆州，控制了长江中游，消除了蜀汉在荆州的势力。这些都是成功的、有利的。但从三国对立的斗争形势来说，却有得有失：得到的是荆州数郡，失去的是盟军，客观上有利于曹魏势力的发展。

曹魏看到了"刘备、孙权，外亲内疏"的情况，故一再利用吴蜀矛盾，使之相拼：利用孙权急于夺回荆州的欲望，怂恿、利诱孙权袭击关羽后方，解除了关羽对樊城曹军之围；及至关羽败退，不加追击，纵使关羽与孙权拼斗；而后又乘吴蜀夷陵交战的时机，对孙权一再封赏，促使孙权放手与刘备鏖战，互相削弱，使自己从中获得了三年的休整时间，发展壮大力量，巩固新占地区。在数个集团间的争战中，这是比较高明的策略。

第九章　曹操的功与过

一、错杀华佗

华佗，字元化，是沛国谯县（今安徽亳州）人。他曾经离家到徐州一带求学，兼通几种经典。沛国的国相陈硅推举他为孝廉，太尉黄琬也征召他去做官，他都没有接受。

华佗通晓养生之道。当时的人都认为他年过百岁，但看上去反像个壮年人。

他是历史记载中第一个掌握腹腔外科手术的医生。他让病人饮服"麻沸散"，病人一会儿就像醉死的人一样，没有了知觉。于是就剖开病处，切除病块。如果病在肠道里，就切断肠管，割去腐肠，清洗其余部分，再缝合腹部，用药膏敷在伤口上，四五天就愈合了。病人不觉疼，也没什么自我感觉。一个月左右，刀口就平整复原了。

县吏尹世得病后四肢烦热，口中干，不愿意听到人声，小便不通畅。

华佗说："可以试着弄些热食给他吃。吃后如果出汗，就能治好；如果不出汗，三天后就要死去。"于是家人立刻做好热食，吃后却不出汗。华佗说："体内五脏功能已经衰竭，将会哭泣着死去。"结果真像华佗预言的那样。

府吏倪寻和李延住在一起，头痛身热，病状完全相同。华佗说："倪寻的病当用下法，李延的病当用汗法。"有人质问他为什么治法不同，华佗说："倪寻是里实症，李延是表实症，因此治法应当不同。"于是分别给他们药物，第二天早上两人的病都好了。

盐渎县的严昕与几个人一同去拜访华佗。刚一到，华佗就问严昕："你身体还好吗？"严昕说："像平常一样。"华佗说："你要得急病，已经显现在面部上了，不要多喝酒。"座谈结束后，严昕就回家去了。路有凉亭，他忍不住喝了点酒，才走了几里路，严昕突然头昏目眩地从车上摔下来了。大家扶他上车，把他拉回家，半夜时就死了。

原来当过督邮的顿子献，生了病已经治好了。他请华佗再给他察一察脉象。华佗说："身体还虚弱，没有完全康复，不要行房事。如果行房事就会死，临死时还要吐出几寸长的舌头。"他的妻子听说他的病已经好了，就从一百多里外来探望他。在夜晚休息时夫妻行了房事。事隔三天后，顿子献发病，其死状跟华佗说的完全一样。

督邮徐毅得了病，华佗去看他。徐毅对华佗说："昨天让医官刘租针刺胃部以后，便咳嗽得厉害，要想躺下安卧都不行。"华佗说："他没有刺到胃部，却误刺了肝脏。你的饮食会一天天地减少，五天后就没救了。"事情也像华佗所说的那样。

彭城夫人在夜间上厕所时，蝎子蜇了她的手，痛得直呻吟叫唤，毫无办法。华佗叫人把水烧得热热的，让病人的手浸泡在水中，病人很快就能入睡，让旁边的人给她更换了几次热水，使她的手保持温暖，天亮时手也就好了。

军吏梅平得了病，被免职回家。他家住在广陵，还没走到二百里，便到一个亲属家里去投宿。不一会儿，华佗偶然到主人家来，主人就请华佗为梅平看病。华佗对梅平说："你若是早见到我，可以不落到如此地步。现在病势已经无法扭转，赶快回去，还能与家人见上一面，五天后就会死去。"梅平立即回家去，果然在华佗预计的时间内死了。

华佗在行路时看见一个人得了梗食病，很想吃东西却又咽不下去，家里人用车拉着他，打算去看医生。华佗听到他的呻吟声，就让他们停下车来，去看他的病。然后对他们说："刚才走过的路旁有个卖汤面的铺子，用蒜叶腌渍的黄齑菜水很酸，可向店主要三升来，把它喝了，病就能好了。"于是就按华佗说的去做，病人立刻吐出一条蛇一样的寄生虫。

又有一位郡守得了病。华佗认为，这人大怒一场病就能好。于是接受了他许多钱财却不给他治疗。过了不久，干脆丢下病人走了，还留下一封信大骂郡守。郡守果然大怒，派人去追捕华佗，要杀掉他。郡守的儿子知道是怎么回事，嘱咐差人别去追逐。郡守愤怒到了极点，吐了几升黑血，病也就好了。

当初，军吏李成有咳嗽的病状，日夜不能入睡，时常吐脓血，就去向华佗请教。华佗说："你得的是肠痈，咳嗽时吐出的脓血，不是来自肺部。我给你两钱匕散剂药，服后会吐出两升多脓血，吐完了感到舒服，自我养息一个月，可见好转。注意自我保养，一年就能康复。十八年后会有一次小发作，再服用这种散剂，也能很快治愈。但如果得不到这种药，就要死了。"于是又给了他两钱匕散剂药，李成拿着药回家去了。

过了五六年，李成的亲属中有人得了和他一样的病，就对李成说："你现在身体强健，我就要病死了，你怎么忍心无病收藏药物，是要等待不祥的征兆吗？先把药借给我，我病治好后，去向华佗替你求药。"李成把药给了他，随即特意到谯县去，恰巧遇到华佗被曹操逮捕，仓促之际不忍心向华佗求药。到了十八年后，李成的病果然复发，无药可服，还是病死了。

有一人得了眩晕病，头抬不起来，眼睛看不见，已经好多年了。华佗让他把衣服都脱光了，把他倒吊起来，使他的头离地一两寸，用湿布擦拭他的全身，让周围的人观察他的静脉血管。发现血管里都是五颜六色的血。华佗叫几个弟子用双刃小刀把静脉血管割开，让五色血液流完，看到红色血液流出时，便把他放下来，用药膏敷在创口上，让他躺在被子里周身出汗，再给他服用"葶苈犬血散"，立刻就治好了。

有一个妇女长期生病，已经一年多了，得的是人们所说的"寒热注"，华佗大冷天让她坐在一个石槽里面，大清早打来冷水一次次地灌注到石槽里去，说要灌一百次。刚灌到七八次，病人就浑身颤抖，冷得要死。灌水的人害怕起来，想停下不灌了。华佗叫他要灌到预定的次数。

快灌到八十次时，病人浑身热气向上蒸腾，升起有二三尺高。灌满一百次后，华佗生起火来，把床弄暖和了，让病人躺在厚被子里，过了好一会儿，湿漉漉地出了一身汗，扑上护身粉，汗干以后病就痊愈了。

有人得病后两脚腐烂，不能行走。华佗诊脉后让他脱去衣服，在背上做了几十处记号，相隔一寸或五寸，两两之间在横竖两个方向上都不对称；说在这些地方各灸七个艾柱，等到灸过的疤痕愈合以后，就可以走路了。疤痕愈合后，发现灸的部位都在背脊骨两旁，两两相距一寸的地方，沿上下方向端直、均匀地排列着，就像拉了一根绳子一样（按：共有三十四个穴位，统名"华佗夹脊"，后来简称"夹脊穴"）。

广陵太守陈登得了病，胸中烦闷，面色赤红不吃东西。华佗诊过脉后对他说："太守大人胃中有几升寄生虫，都快形成腹内痈疽了，是吃了生腥食物而造成的。"便煎了两升药汤，先服下一升，过一会儿全部服完。大约一顿饭的工夫，太守吐出了三升左右寄生虫，红脑袋都在蠕动着，半截身子连在生鱼切成的肉片上。疾病带来的痛苦也就没有了。华佗说："这个病三年后还会复发，要遇到良医才能救治。"

三年后果然复发，当时华佗不在那里，太守便应了华佗说的话，真的死了。

曹操患有"头风眩"的疾病，发病时头痛剧烈、精神烦乱、眼睛昏花、痛苦万状。曹操曾寻遍天下名医为自己治病，却不奏效。后来，有人向他推荐了华佗，不料华佗来后，仅用一根银针在他的膈俞穴上扎了一针，曹操的病立即就应手而愈了。这使曹操喜出望外，从此就留他在身边做侍医，专供他一人使唤。但是，"读书人"出身的华佗，却不以为然，他的心愿是在民间奉献自己的聪明才智，对眼前这种服侍人的宫廷生活十分反感，所以没过多久，就欣然婉拒回家去了。

后来，曹操的头痛病又复发了，并且病情越来越严重，就下诏急请华佗进宫。华佗来医了几次也不大见效，就坦然告诉曹操："你这病已近乎难以治好，我现在给你治疗，仅是减轻一些痛苦，延长一点寿命而已，根治是没有办法的了。"他在曹操处住了一段时间，就推托离家久远，思乡心切，告假回家探亲去了，并在家一住就是很长一段时间，久久不愿回去。

曹操头痛难忍，数次写信催他回来，华佗又以妻子有病为由，多次延假不回。曹操就令华佗所在的郡县派人遣送华佗返回，华佗还是不肯上路。曹操很生气，就亲自派人到华佗家查看，并交代，如华佗妻子真的有病，就代他赐赠四十斛小豆以示慰问，并同意放宽假期；若华妻无病，虚假欺骗，就当即逮捕押回。

曹操派去的人到华佗家一看，华妻活得好好的，并无生病的影子，来人就当即将华佗押回首都许昌。

曹操见了华佗，还是若无其事地请他看病，待他彬彬有礼。华佗诊断后，直率地对曹操说："丞相的病已经很严重了，不是用针灸能奏效的。现在唯一办法只能用'麻沸散'麻醉后，剖开头颅，施行手术，才能消除病根。"曹操一听，惊得呆若木鸡，以为华佗长期居家，久久不归，表现出明显的不合作态度，现在又主张劈开他的头颅，以为是想有意谋害他，勃然大怒，一声令下，将华佗打入死牢。

当时曹操身边的谋士荀彧向曹操求情说："华佗的医术确实高明，关系着人的生命安危，应该宽容赦免他。"但曹操却气愤地说："不用担心，无能鼠辈而已！"

最后，曹操还是下令杀了华佗，时年华佗 63 岁。华佗死后，曹操的头痛病越发严重。他还对人说："华佗本来是能够治好我的病的，但这小子有意留着我的病根……如果我不杀掉他，他最终也不会替我断掉这病根。"直到后来他的爱子曹冲病危，因无名医可求，他才感叹地说："我后悔杀了华佗，使这个儿子活活地病死了。"

二、平定关中

八百里秦川，古时又称关中，潼关则是进入关中的大门。为此，我们有必要先介绍一下潼关附近的地理情况。黄河（三国时称"河"，无"黄"字，可能那时植被尚未遭到破坏，没有水土流失，黄河不黄）经黄土高原南下，至潼关附近遇东西走向的华山山脉，遂拐 90 度直角掉头东去，由南北走向变为东西走向的河流。潼关就位于拐弯的黄河南岸，北靠陡峭的黄河河岸，南为华山山脉，是沿黄河南岸西进关中平原的唯一路口。潼关东面有一渡口，如果想绕过潼关进入关中，须经此渡口北渡黄河。如果沿黄河北岸直接西行，将很快到达黄河拐角处的河东岸，岸西即是关中平原，但由于此处河岸陡峭，无法西渡，须继续沿黄河东岸北行，寻找渡口。越过黄河北岸东西走向的中条山山脉西端，进入河东平原，方是可以西渡黄河的蒲阪津（今陕西省大荔县东）渡口。（当然，实际上到达蒲阪津渡口的道路，并不一定是沿河而行的，上面的叙述只是为了便于读者理解地形）总之，从潼关北渡黄河后，须北越中条山山脉，行百余里险峻山路，进入河东平原，方能到达蒲阪津渡口东岸。

但是，如果河西岸只要有敌方数千守军，河东岸纵有十万大军，也无法强渡黄河。也就是说，此处黄河之险甚于潼关之险。黄河不同于长江中下游，长江中下游水量大，江面宽阔，千里岸线皆可过渡。两岸多支流大湖，可屯集数量庞大的大型战舰，数万大军可乘船蜂拥登岸。黄河渡口只有少量渡船，一次最多只能渡过数百人，对岸若有敌方数千守军，这渡过去的数百人瞬间就会被守军屠戮殆尽。历史上，曹操派徐晃、朱灵率四千人偷渡蒲阪津，唯一目的和作用就是趁马超等关中叛军还没在蒲阪津西岸设防时，渡过黄河，能在西岸有足够的兵力迎击前来阻止渡河的敌军，保卫渡口西岸，使随后到来的曹操大军顺利渡河。曹操大军一旦由此进入河西，就是踏上了关中大地，易守难攻的潼关对曹操就已不再有用了。

流经关中平原、东西走向的渭河，在潼关附近的黄河转弯处，汇入黄河东去。渭河又与黄河不同，黄河流急，两岸多是峭壁，只有少数渡口可以过渡；渭河流缓，两岸平坦，处处皆可架设浮桥。曹军进入河西，南下已无险阻；渡过渭河，东去直叩潼关背后，西去则直取长安。

关中自历董卓、催汜之乱，早已不复往日之繁盛，各地军阀林立，马腾、韩遂等便是其中的两部。他们虽然各有武装，割据地方，但他们形式上还是遵奉朝廷的。远在官渡之战时，马腾就曾协助曹操抵御袁绍从西部对河东的进攻。到赤壁之战前，马腾已携眷入京为官，马超则留在关中接管了马腾的部属。

建安十六年（211）三月，曹操传令，让镇守长安的钟繇讨伐张鲁，并派夏侯渊出河东会合钟繇。（此时，夏侯渊和徐晃刚刚平定太原商曜的叛乱，军队可以沿汾河出河东。讨伐张鲁，将有可能经过关中诸将马超等人的防地）高柔为此提醒曹操，此举有假途灭虢的嫌疑，关中各部可能因此反叛，曹操未予理睬。结果，马超等十部皆反，其众十万，进军屯据潼关。曹操令曹仁统军拒敌，并令其坚壁勿战。

秋七月，曹操亲统大军西征。

初看起来，关中这场叛乱，是曹操没有听高柔的劝谏而导致的，是由曹操疏忽大意的错误所致。但是，后人多认为，曹操就是要逼反那些表面上遵奉朝廷，实际上是各行其政的关中诸将，为名正言顺地剿灭他们制造借口。可以说，从一开始，曹操就是有预谋的。

《孙子兵法》第一篇始计篇，开篇就有："兵者，国之大事，死生之地，存亡之道，不可不察也。故经之以五事，校之以计，而索其情：一曰道，二曰天，三曰地，四曰将，五曰法。"第一件需要做好的事情就是"道"："道者，令民于上同意，可与之死，可与之生，而不危也。"因此，曹操要先使自己在道义上处于优势。

　　曹操在三月就逼反了关中诸将，拖到七月才亲统大军西征，留给马超等关中联军那么长的防备时间，而不是乘其叛乱初起，万事仓促时立即进军剿灭。就像司马懿平定孟达那样，给对方来个措手不及。关于这个问题，显然不是曹操到七月时才能完成西征的准备，如果真是那样，曹操完全可以晚些时间逼反关中诸将。

　　通常叛乱初起时，人心最不稳定。首倡叛乱的毕竟是少数，多数人通常迫于形势而首鼠两端。如果及时镇压，多数人卷入不深，尚能摘清自己，会立即与叛乱者划清界限。如果给叛乱者以足够的时间，多数人迫于目前之危，不得不公开表态支持叛乱，甚至干尽坏事。这时再来镇压，由于他们涉入已深，担心即使归顺，将来也可能会遗患无穷，因此不得不叛乱到底。

　　这么简单的道理，曹操不懂吗？曹操当然懂！那么，曹操为什么不立即镇压？其实细想起来，这样问本身就有点怪怪的感觉。关中原本没叛乱，是曹操故意把它弄叛乱了，现在再去立即把它镇压下去，曹操这不是吃饱了撑的吗？如果曹操立即平叛，关中各部中的多数可能会立即站到朝廷一边，宁为玉碎、不为瓦全，多数人犯不着，谁强谁弱不是明摆着吗。曹操怎么办？只能赏顺爵降，这是规矩，否则无以劝来者。叛乱平定后，那些站到朝廷一边的关中各部，曹操还是没有理由去触动他们的利益，他们依然是独立王国。他们赖以生存的，只忠于他们个人的武装力量，毫发无损。朝廷在关中之所以政令不畅，就是因为有这些地方军阀。曹操逼反他们，就是想摧毁他们的武装力量，所以，在他们还没成光杆司令前，曹操是不希望他们归顺的。

《孙子兵法》中的第三事"地"："地者，远近、险易、广狭、死生也。"

潼关是关中锁钥。曹操既然是有预谋地逼反关中诸将，那么，曹操完全可以事先准备好一支军队，在关中诸将反叛后，抢先关中叛军一步，占领潼关，将进入关中的大门控制在自己手中，从而可以免去后来为从蒲阪津进入关中，所带来的一系列麻烦。那么，曹操为什么不这样做？

潼关对曹操重要，对于叛军也同样重要。占领潼关，会给叛军以信心和鼓舞，会让关中诸将更深地卷入叛乱之中，前面我们讲过，这正是曹操所希望的。这是曹操让"地"取"道"。

潼关虽险，让给关中叛军，却可以使马超等关中联军远离巢穴。由于潼关重要，他们才肯用大军据守。曹操在潼关附近解决他们，和深入边远去逐一解决他们比起来便是"近"。曹操欲擒先纵，以"险"易"近"。这样看，曹操连让"地"都是虚让。所以，马超等关中联军抢占潼关，看似捡了个大便宜，实际上却是曹操给他们预设的大陷阱。

曹操为什么又恰在七月时出征？既不早些，也不晚些？

《孙子兵法》中，第二件需要计算好的事情就是"天"："天者，阴阳、寒暑、时制也。"曹操想利用天时，具体说就是利用时间的延时，造成马超等关中联军的补给困难。随着时间的推移，战局的发展，当曹操逐步完成所有进攻准备时，也正好是马超等关中联军再也无法支撑，急于撤兵之时，说明曹操出征的时间拿捏得刚刚好。

为什么这个"天时"会给关中联军造成补给困难？这就要联系到《孙子兵法》中提及的第五件事"法"："法者，曲制、官道、主用也。"

关中各部，互不统属，各自治理自己的领地。经过董卓、催汜之乱，关中十分凋零，各部的治理水平又很差，所以他们的物资储备水平很低。他们的军队极不正规，平时为民，战时集合而为兵，装备补给非由政府统一配发，而是由士兵自己解决。由于他们仅是地方势力，没有大规模远征的行动，以他们的统治水平，从没建立起，也无法建立起完备的后勤保障系统。这样的军队，一旦长期征战在外，补给不济是一定的，尤其是在天逐渐转凉的时候，还需准备御寒装备，就更是困难。古代不同于现代，现代人口稠密，军队无论走到哪里，都有民房可居。古代人烟稀少，三国时大军出征在外，只能搭设帐篷野营，如果没有良好的御寒装备，则只得收兵。而关中各部显然装备不起可以在秋冬季作战的军队。

反观曹方，其治理水平，生产的恢复和发展，军队的正规化，完善的后勤保障系统，远非关中联军可比，其秋冬季坚持野战的能力自然远强于关中联军。

另外，当时的军队在非战时，都要从事生产活动，否则，以当时的生产力水平，不足以供养足够规模的军队。曹操三月就张罗要讨伐张鲁，结果关中诸将马上就集结了十万大军去抢占潼关，此时正是农业生产最关键的时期，曹操更可怕的是，还派曹仁把他们牢牢地拴在潼关，当年关中各部的农业生产基本上就废了。而曹操自己却等到七月秋季才起兵，整个儿什么都不耽误。

其结果必然是，秋季过后，关中各部将无粮可征；冬季来临前，关中联军又将无野营装备。所有这些，都是他们贪图潼关之利带来的并发症。曹操方面，后方及保障系统远优于关中各部，再加上大军秋季才出动，丝毫没有影响当年的粮食生产，其作战持续能力无疑将远胜过关中联军。

《孙子兵法》第一篇始计篇，在结束时有："夫未战而庙算胜者，得算多也；未战而庙算不胜者，得算少也。多算胜少算，而况于无算乎！吾以此观之，胜负见矣。"曹操还没与关中叛军接战，其深谋远略便早已使战争的天平倒向了自己。接下来摆在曹操面前的问题便是潼关已经让给了叛军，曹军将如何打开关中的大门？

八月，曹操大军经函谷溯黄河西进，到达潼关。（此时曹军的粮草由洛阳经函谷供应）潼关虽险，却不是一夫当关、万夫莫开的狭关，须以大军方可屯守。正因为潼关有此种特点，曹操用大军紧逼潼关，摆出非要从潼关进入关中不可的架势，马超等关中联军的注意力才能被牢牢地吸引在潼关的防守上。

这期间，关中各部不断向潼关增兵，曹操听说后，不忧反喜。事后曹操解释说："关中长远，若贼各依险阻，征之，不一二年不可定也。今皆来集，其众虽多，莫相归服，军无适主，一举可灭，为功差易，吾是以喜。"

经过一段时间的相持，眼见联军的所有力量都已集中到潼关，曹操暗中却派徐晃、朱灵率步骑四千人渡过蒲阪津，据河西为营，准备接应曹操大军由河东进入河西。史书记载，曹操曾问徐晃如何可入关中，徐晃提出了这个计策。徐晃出身西凉军，熟悉关中民情、地理，后面的贾诩也是西凉军出身。

闰八月，曹操亲自率军从潼关东面的渡口北渡黄河。在这里遇到了马超的截击，曹操溃败逃跑。后来马超被曹洪拦住，曹操逃脱。

徐晃刚从蒲阪津渡过黄河，还没来得及建立寨栅，当夜梁兴即领步骑五千多人前来攻击，被徐晃击败。曹操应与徐晃约好，在曹操从潼关北渡时，徐晃方才能从蒲阪津西渡黄河，否则，消息过早泄露，徐晃会遭到敌人大军的攻击。马超看到曹操北渡，自然知道曹操是想从蒲阪津渡河进入关中，遂派梁兴带五千多人前去抢占蒲阪津渡口西岸，通常情况下，这五千多人足以阻挡曹操渡河。但马超没有料到的是，徐晃已经抢先占领了蒲阪津渡口西岸。经长途急行军赶到蒲阪津渡口的梁兴军，自然不是以逸待劳的曹军对手。待消息经几百里路传回潼关马超大营处时，马超再想派大军去重新夺回渡口，时间已经来不及了。

曹操事后解释时说："贼守潼关，若吾入河东，贼必引守诸津，则西河未可渡，吾故盛兵向潼关；贼悉众南守，西河之备虚，故二将得擅取西河；然后引军北渡，贼不能与吾争西河者，以有二将之军也。"

西渡黄河后，（此时曹军的粮草改由河东经蒲阪津渡口供应）曹操沿河连车树栅为甬道向南推进（甬道可能是为了保障由渡口向大营输送补给）。马超退屯渭口。

曹操这是向马超表明，准备渡过渭河从背后夺取潼关，用意是将马超等关中联军继续滞留在潼关附近。马超退屯渭口，也是为准备防止曹军渡河。

曹操又多设疑兵，吸引马超的注意力，暗中却从黄河把船驶入渭河，连夜用船搭起浮桥，分兵在渭水南岸扎营。在渭水南岸立营的过程中，由于没有合适的建筑材料，加之屡受马超骑兵的突袭，一时难以完成立营的工作。后来天气突然骤冷，曹操夜里渡兵在南岸浇筑起冻沙城。天明时，冻沙城建筑完毕。

九月，曹操大军全部从容渡过渭水。至此，曹操已经完成了全面攻击的准备，下面就是怎样在决战中打败马超等的十几万关中联军。如何选择决战时机是打赢会战的关键，敌军将士战斗意志最差的时候无疑就是最佳决战时机，这通常出现在敌军必须退兵的时候。这时，马超移屯渭南，并派信使求和，曹操没有答应。

马超由渭口移屯渭南，马超这是放弃潼关，准备撤退。那马超等为什么不自行退回长安或自己的领地，而是先来求和？两军对峙，先退者会出现人心浮动，士气崩溃的局面。尤其是军本乌合，各有私利的集团，在局面一旦出现标志性不利时，立即就会土崩瓦解。楚汉相争时，两军相持于荥阳，刘邦、项羽均十分困难，却无人肯先退。官渡之战时，曹操几乎难以为继，却苦苦支撑。这就是荀彧所说的"先退者势屈"。

马超求和不成又求战，曹操又不出战。马超只好又转而坚决请和。由此可以看出，马超准备撤退，不是担心与曹操决战，而是急于结束野外对峙。马超为什么此时突然急于撤退？据推测，天气突然骤寒，马超等关中诸军御寒装备不足，难以在野外继续对峙下去。

另外，由于马超等关中联军在春季三月时，就在潼关屯集十万大军，加之用于长途输送粮草的人力，马超等关中联军各部，当年的农业生产几乎全废。此时秋季已过，冬季将临，马超等关中联军各部却征收不上来新粮，全军有断炊之虑，所以联军各部急于散兵就食。

至此，我们已不难理解，曹操为什么要在九月时全部渡过渭水。因为天气大寒之后，马超等关中联军就再也无法支撑了，曹操必须把他们紧紧黏住，让他们不敢撒腿跑路。

那么，曹操为什么又不出战呢？很简单，曹操想借此麻痹敌人，使马超等关中联军产生轻敌思想。最重要的是，现在还不具备在大决战中的必胜条件，曹操不想把双方30多万人的大会战，还有关中，甚至是国家的生死前途交给战场上的幸运之神。靠神不如靠人，靠人不如靠己，靠己就不能心存侥幸。孙子曰："胜兵先胜而后求战，败兵先战而后求胜。"曹操要怎样做才能"先胜"呢？

这时贾诩建议使用离间计，情节一如演义。结果，离间计使马超、韩遂等互相猜疑，但是，还没有演变到演义中那样自相残杀。那这样的离间计还有什么用呢？用处可大了！只要联军各部互相猜疑，曹操就已经具备了在即将发生的大会战中的"先胜"。

曹操为什么早不用离间计，而偏在此时开始用离间计？离间计用早了，曹操还没有完成攻击的准备，如果联军内讧，自己一哄而散，各回老巢，或投顺曹操，曹操不能彻底摧毁他们的武装力量，那曹操前面就都白忙活了。

后来，在与韩遂的最后一次会晤中，曹操一反原先一贯示弱于敌的做法，突然列出五千铁甲骑兵，阵列森严，"精光耀日"，关中各军，无不为之震慑惊恐。这是曹操大战前打击敌人的士气，为"先胜"又添一砝码。

《孙子兵法》"五事"中的第四件是"将"："将者，智、信、仁、勇、严也。"离间计严重破坏了关中诸将的为将之道，使得他们把心思不是用在如何战胜敌人上，而是全都用在了如何提防自己人。

"胜兵先胜"已经完成了，现在是"而后求战"的时候了。

离间计刚刚施用完毕，曹操立即与马超约期会战，而马超也急于结束对峙状态，遂发生了本文开头的那一幕。为了准确，我们直接引用史书原文："公乃与克日会战，先以轻兵挑之，战良久，乃纵虎骑夹击，大破之，斩成宜、李堪等。"三国历史上最大规模的一场会战，陈寿只用了三十多个字就给交差了，实在有点说不过去，不过，和司马迁比起来，还算好的了。

这里的"公"是指曹操。"挑之"，和挑逗的意思差不多。在这里就是，打一下，还不能把对方打得太痛，下手太重，对方会急眼跟你玩命的。但还要给对方以感觉，他随时都可能遭到攻击，使他时刻不得安宁而疲惫不堪。既让对方不胜其扰，还要让他不敢全力还击，怕遭到曹操五千铁甲骑兵的回敬，而使自己的损失大于其他各部。就好像虽受挑逗，还不敢公开去求爱，怕一旦遭到拒绝而受同伴嘲笑。

曹操此次决战能够全胜，战术上有两个关键。

第一步，"轻兵"疲劳敌军。"轻兵挑之"的目的，就是让敌人全军疲劳的同时，能让自己的"重兵"逸，达到以逸待劳的目的。曹操的"轻兵"凭什么就能和马超等关中联军"战良久"？这就是离间计的功劳了。如果关中联军同仇敌忾，上下一心，曹操的"轻兵"显然无法"战良久"。正是因为此次大会战前，曹操先用了离间计，使得关中各部各怀异心，结果是，临战时皆不肯出力，使得曹操只用部分兵力即能与之长时间相持。

第二步，"虎骑"重击敌军。也许有的读者要问，曹操为什么不一开始就出动虎骑？如果一开始就出动虎骑，面临生死关头，本能会使关中联军各部抛弃前嫌而死地求生的。如果待敌疲惫后，再施以重击，敌人即使有心拼命，也已无力搏杀。

关于渭南会战的策略，曹操后来说道："连车树栅，为甬道而南，既为不可胜，且以示弱。渡渭为坚垒，虏至不出，所以骄之也；故贼不为营垒而求割地。吾顺言许之，所以从其意，使自安而不为备，因畜士卒之力，一旦击之，所谓疾雷不及掩耳，兵之变化，固非一道也。"马超等关中联军一败而军马损失殆尽，很重要的原因是没有坚固的营垒可以退守。不建营垒，是因为曹操的骄敌之计使马超等认为，曹军弱不能战。

一场惊天动地的大决战结束了，"遂、超等走凉州，杨秋奔安定，关中平"。这场大决战，关中诸将的武装力量基本损失殆尽，从此结束了关中军阀割据的局面，关中各郡进入了朝廷直接掌控的范围。顺便提一下，马腾由于受马超叛乱的牵连，在曹操回到京城后，全家被杀；马超由于陷父于死地，从此声名狼藉。

曹操从起意解决关中问题伊始，便精心运筹战争"五事"，在最后决战时刻，使对手关中联军"五事"皆失；在战役进行中，恰当运用兵者诡道、正奇结合的用兵之法，以最小的代价赢得了决战的全胜。由此观之，曹操在渭南之战中的谋略，堪称"庙算"胜敌的经典。

三、册封魏公

在成都府，刘备、庞统正与鲁肃进行双方的谈判事宜。最后达成协议，将南阳郡割让给刘备，并将夏口上游的水道让与刘备水军。

在建业，孙权正在发飙，破口大骂山越之民不讲信誉，在东吴受伤之时趁机叛乱。几日前，会稽太守孙昭来报，言到山越聚兵十万，从山越地区杀来，连破会稽数县，声势浩大。

孙权连忙派已经撤回东吴的程普为帅，以周泰为将领兵三万前去平叛。

孙权万没料到，平乱山越的兵才刚派出，会稽章安、永宁两县豪强刘利、吴用两人集兵 10 万，自称大吴东王、西王，也趁势叛乱。

闻得刘利、吴用叛乱，东吴众臣皆是大惊。一时间东吴暗潮涌动，各方势力趁机渗入，大臣时有被刺杀的消息传来，搞得人心惶惶，许多人昼夜紧闭门户，从不出行，包括许多繁华的郡城也是如此，导致商旅对东吴多无利好之心，纷纷选择更好的经商之地，各大世家也是暗暗联系刘备、曹操。

各种不利的消息传来，东吴形势一片混乱，孙权疲于应付。

在成都，刘备、庞统及已返回的法正等人在一起分析东吴形势，皆认为东吴已无崛起之机。现在北方曹操正在休养生息，正好趁此机会，按照"国之力量"的方略进行发展，以强大自己。

在许昌，即照刘备表奏准行。曹操又问众臣天下形势，荀彧答："现刘备翼羽已丰，图之很难，东吴内乱，其势自削，我方还是继续休养生息，厉兵秣马，一旦兵精粮足，即可再复南下。"曹操闻言甚是欣喜。

董昭出列奏道："丞相，刘备一织席之徒都敢妄自居三公之位，已与丞相同列，丞相文治武功，震于宇内，天下十三州，丞相已为大汉扫平九州之地，此功盖世，我等臣属认为丞相应进位魏公，加九锡，方可安定天下人心。"

一众臣属闻得董昭劝进，那可是大功一件，只要丞相升了一级，自己等不都得跟着升一级吗？加官晋爵谁人不爱？无论文武，纷纷下跪劝进。曹操一脸惶恐模样，斥众人道："我官至丞相，已是位极，若再进位魏公，恐难服天下人之心！"

董昭则答道："丞相功盖寰宇，荡清四方豪强，大定汉家天下，合该进位！"众人亦纷纷附和。

曹操再三拒绝都被众臣以词劝之，但最后曹操还是拒之不过，只得上奏天子，要求加封自己为魏公，加九锡。

荀彧闻得董昭等人劝曹操晋位魏公，这与自己心中之愿大为违背，自己本来想助曹操戡平天下，让曹操还权于汉，不想曹操要晋位魏公，那接下来不就是魏王，再接下来……这不容自己再置疑，即出言阻止，又被董昭等人你一言，我一语横加斥责。曹操心中也是大为不悦，眼里对着荀彧闪过一丝杀机。

汉献帝闻得众人奏报，一脸惶恐，自高祖以来，权位最高者为三公，分别为丞相、御史大夫和太尉。丞相之权已是位极，若晋位为公，则自己这个皇帝真就成摆设了。公可以立国，像春秋五霸时一样，公才是真正的一国之君，而皇帝周天子什么都不是。难道汉家天下真的要完蛋了，自己那位皇叔听说倒是打下了三州之地，可是也不知能不能敌过曹操，想到曹操进宫那横冲直撞的样子，自己就有些害怕。

汉献帝担心，准了众臣之奏则自己真就成了傀儡，不准又怕曹操一时怒急，杀性大起，自己可能小命就会不保。正在忐忑不安的时候，伏皇后走了进来，言道："陛下！暂忍一时之气，方保无忧。况曹贼此时权力与魏公又有何区别，只不过再多一个虚名罢了？"汉献帝听得一脸无奈，只以目视远方，我汉家天下，忠臣何在？

建安十八年（213），曹操被封为魏公。

曹操被封为魏公后，得意非凡，大宴群臣，群臣也因劝进有功，皆官升一级，董昭更是因此厥功至伟，被曹操封为亭侯，官至议郎。

刘备闻得曹操违汉家祖制，晋位魏公，甚是大怒，欲起兵伐之。部下见状纷纷劝慰道："主公，且让曹操暂狂一时，只要我方能富民强兵，他日北伐，定让曹操伏首，给他个虚名让他得意几日又有何妨！"刘备闻言，方才怒气渐消。

四、赎回蔡文姬

曹操自从赤壁失败以来，经过几年整顿，重振军威，自封魏公。216年，又晋爵为魏王。在北方他的威望很高，连南匈奴的呼厨泉单于也特地到邺城来拜贺。曹操把呼厨泉单于留在邺城，像贵宾一样招待他，让匈奴的右贤王回去替单于监理国家。

南匈奴跟汉朝的关系和好了。曹操就想起了他一位已经去世的朋友蔡邕有一个女儿还留在南匈奴，想把她接回来。

蔡邕是东汉末年的一个名士，早年因为得罪了宦官，被放逐到朔方去。董卓掌权的时候，蔡邕已回到洛阳。那时候，董卓正想笼络人心。他听到蔡邕名气大，就把他请来，封他做官，对他十分敬重，三天里连升三级。蔡邕觉得在董卓手下，比在汉灵帝时候强多了。

到了董卓被杀，蔡邕想起董卓待他不错，叹了口气。这一来惹恼了司徒王允，认为他是董卓一党的人，把他抓了起来。尽管朝廷里有许多大臣都替他说情，王允还是不同意，结果蔡邕死在监狱里。

蔡邕的女儿名叫蔡琰，又叫蔡文姬，跟她父亲一样，是个博学多才的人。她父亲死后，关中地区又发生李傕、郭汜的混战，长安一带百姓到处逃难。蔡文姬也跟着难民到处流亡。那时候，匈奴兵趁火打劫，掳掠百姓。有一天，蔡文姬碰上匈奴兵，被他们抢走。匈奴兵见她年轻貌美，就把她献给了匈奴的左贤王。

打这以后，她就成了左贤王的夫人，左贤王很爱她。她在南匈奴一住就是十二年，虽然过惯了匈奴的生活，还是十分想念故国。

这一回，曹操想起了蔡文姬，就派使者带着礼物到南匈奴，把她接回来。

左贤王当然舍不得把蔡文姬放走，但是不敢违抗曹操的意志，只好让蔡文姬回去。蔡文姬能回到日夜想念的故国，当然十分愿意；但是要她离开在匈奴生下的子女，又觉得悲伤。在这种矛盾的心情下，她写下了著名诗歌《胡笳十八拍》。

蔡文姬到了邺城，曹操看她一个人孤苦伶仃，又把她再嫁给一个屯田都尉（官名）董祀。

哪知道时隔不久，董祀犯了法，被曹操的手下人抓了去，判了死罪，眼看快要执行了。

蔡文姬急得不得了，连忙跑到魏王府里去求情。正好曹操在举行宴会。朝廷里的一些公卿大臣、名流学士，都聚集在魏王府里。侍从把蔡文姬求见的情况报告给曹操。曹操知道在座的大臣名士中不少人都跟蔡邕相识，就对大家说："蔡邕的女儿在外流落了多年，这次回来了。今天让她来跟大家见见面，怎么样？"

大伙儿当然都表示愿意相见。曹操就命令侍从把蔡文姬带进来。蔡文姬披散头发，赤着双脚，一进来就跪在曹操面前，替她丈夫请罪。她的嗓音清脆，又说得十分伤心。座上有好多人原来是蔡邕的朋友，看到蔡文姬的伤心劲儿，不禁想起蔡邕，感动得鼻子发酸。

曹操听完了她的申诉，说："你说的情形的确值得同情，但是判罪的文书已经发出去了，有什么办法呢？"

蔡文姬苦苦央告说："大王马房里的马成千上万，手下的武士多得像树林，只要您派出一个武士和一匹快马，把文书追回，董祀就有救了。"

曹操就亲自批了赦免令，派了一名骑兵去追，宣布免了董祀的死罪。

那时候，正是数九寒天。曹操见她穿得单薄，就送给她一顶头巾和一双鞋袜，叫她穿戴起来。

曹操问她："听说夫人家有不少书籍文稿，现在还保存着吗？"

蔡文姬感慨地说："我父亲生前给我四千多卷书，但是经过大乱，散失得一卷都没留下来。不过我还能背出四百多篇。"

曹操听她还能背出那么多，就说："我想派十个人到夫人家，让他们把你背出来的文章记下，你看怎样？"

蔡文姬说："用不着。只要大王赏我一些纸笔，我回家就把它写下来。"

后来，蔡文姬果然把她记住的几百篇文章都默写下来，送给曹操。曹操看了，十分满意。

曹操把蔡文姬接回来，在为保存古代文化方面做了一件好事。历史上把"文姬归汉"传为美谈。

五、争夺汉中

从 217 年冬到 219 年五月，刘备为争夺汉中，与曹军展开了激战。经过一年多的苦战，终于迫使曹操自汉中撤兵，刘备全部占有了汉中地区。

汉中地区位于秦岭和大巴山脉所围成的盆地之中。北面隔险峻的秦岭山脉与魏国的关中地区相连，南面隔大巴山脉与四川盆地相通，是从关中进入四川的最重要通道。

由于秦岭比大巴山脉更为险峻，因此，对于四川的守卫者来说，以秦岭一线作为对北方的防御线比以大巴山作为防御线在战略和战术上都要好很多。

相对来说，汉中对于北方来说，并不是关系生死的地区。北方以秦岭作为防御线比以大巴山明显要优越。只有在北方要进攻四川时，汉中才显示出它的重要性。

刘备为了整个四川根据地的生死存亡问题，动用了在四川所有的精锐部队和优秀将领、谋士，全力争夺汉中地区长达一年半之久。反观北方的曹操，不仅增援汉中的行动慢慢吞吞，最后干脆没有经过什么作战就放弃了对汉中的争夺。

曹操的放弃汉中，就等于暂时放弃了进军四川、消灭刘备集团的想法。

本次战役大致可以分为三个阶段：

第一阶段——刘备军全面进攻，曹军积极防御，刘备的进攻全面受挫；

第二阶段——刘备军增加兵力，展开重点进攻，大败曹军于定军山；

第三阶段——曹操主力到达汉中，刘备坚守不战，曹军进攻不利，全面撤军。

第一阶段：217年冬到218年年底。

刘备接受法正的建议，集中主力争夺汉中。其部署为：

刘备率法正、黄忠、魏延、赵云、高详、刘封等将进攻夏侯渊军据守的进入汉中之要隘阳平关，以期夺占阳平关将曹军驱逐出汉中地区。

张飞、马超、吴兰、雷铜、任夔等将进攻武都郡（今甘肃陇南一带），既可切断曹军从陇右地区向汉中增援兵力和粮草的通道，又保证刘备主力的侧翼安全。

曹军以夏侯渊军主力据守阳平关，张部军守广石，确保汉中门户的安全；以曹洪、曹真军抵抗张飞的军队，确保阳平关侧翼和西路粮道的安全；以徐晃军机动防御马鸣阁至阳平一带，保障阳平关侧后之安全。

217年冬，刘备军开始自成都向汉中进兵，张飞部进军下辩。

218年春，张飞部到达下辩，与曹洪军相持。张飞分兵，扬言要出击曹洪军的后路，被曹真等人识破，结果前军吴兰等部被曹洪军集中兵力击破，雷铜、任夔战死，吴兰逃到少数民族部落后被杀。张飞看到损失较大，有利地形已经被曹军占领，估计无法再发动进攻，就撤出了武都地区。张飞军总共约两万人，此次作战估计损失五千以上，大将三员。

同期，刘备的主力与夏侯渊、张郃军一直相持在阳平关一带，刘备屡攻不下，损失也不小。

218 年七月，刘备派陈式军攻击马鸣阁道，希望切断阳平北面道路，从侧后方威胁阳平。结果遭到徐晃军的打击，损失惨重，许多士兵因山路狭窄而落入山涧。

这时，刘备的夺取汉中之计划遇到了极大的困难，主力仰攻阳平不下，侧翼迂回的两路部队均遭到失败，曹军已经威胁到其主力的侧翼安全了，而且兵力也损失很大（前后相加估计 1 万—1.5 万人），只好紧急征调成都的留守部队到汉中前线。

第二阶段：219 年一月。

诸葛亮及时将成都的部队集中后全部派往汉中，缓解了刘备的危急形势。

219 年一月，刘备放弃进攻阳平，渡过汉水，向定军山一带机动，希望以此调动夏侯渊军离开坚固阵地，在运动中寻找战机。夏侯渊果然中计，与张郃率军也渡过汉水，在定军山扎下大营。

刘备采用声东击西战术，先猛攻张郃军防守的东面，夏侯渊唯恐张郃兵少抵挡不住，就分兵一半增援。接着刘备火烧夏侯渊防守的西面外围，趁夏侯渊出营救火，放松警戒的时机，突然派黄忠从山上发起突击，一举斩杀夏侯渊，并击败其残余部队，益州刺史赵颙也同时阵亡。

张郃军守不住定军山大营，只好退过汉水扎营，并收拢散兵。夏侯渊的司马郭淮等临时推举张郃统一指挥剩余的部队。

刘备军准备渡过汉水继续攻击张郃军。张郃准备沿河阻击。这时郭淮建议："沿河阻击是示弱的表现，应把部队向后移动，让刘备军渡河，待其半渡而击之。"张郃采纳了这个建议。刘备看到曹军的部署担心渡河有危险，于是放弃了渡河追击的企图。张郃于是率军退回阳平继续坚守。

曹操得到夏侯渊阵亡，曹军损失很大，情况危急的消息后，命令曹真火速增援阳平。曹真到达后，指挥徐晃军反击刘备派出的高详军，获得胜利，暂时稳定了战场形势。

第三阶段：219年二月至五月。

219年二月，得到夏侯渊战败的消息，曹操急忙从长安赶到阳平一带，准备与刘备的主力展开决战。曹操是在218年七月开始自邺城出发的，于当年九月到达长安。由于十月发生了宛城守将侯音叛变事件，加之当时汉中局势比较平稳，曹操于是留在长安观察局势发展，再决定进一步的行动（比如可能要增援宛城的平叛作战）。219年一月夏侯渊阵亡，曹操马上率军进入汉中。

219年三到五月，刘备依靠大巴山的险要地形，坚守不出，曹操进攻又没有效果，而曹军的运输线因过于漫长，还经常遭到刘备军的偷袭，后勤得不到保障，最后曹操决定将所有部队撤离汉中。

同时（或在此前）撤出的还有汉中的八万多人和武都郡的少数民族

五万余户。

汉中战役到此全部结束。

六、杨修之死

杨修（175—219），汉末文学家，字德祖，弘农华阴（今属陕西）人。杨修生于官宦人家，杨氏几代人都是汉朝大官。《后汉书·杨震列传》评论说："自震至彪，四世太尉，德业相继，与袁氏俱为东京名族。"杨修思维敏捷，头脑灵活，颇具才华，是个很聪明的人。杨修曾担任过曹操的主簿（秘书），"军国多事，修总知外内，事皆称意，自魏太子已下，并争与交好"。

曹操曾从孝女曹娥碑前经过，杨修随从。看到碑的背面题着"黄绢幼妇，外孙齑臼"八个字，曹操就问杨修："你理解不理解？"杨修回答："理解。"曹操说："你先不要说出来，等我想一想。"走了三十里，曹操才说："我已经解出来了。"就叫杨修另外写出所理解的意思。杨修写道："'黄绢'，是有颜色的丝，'糸'和'色'合成'绝'字；'幼妇'，是少女，'女'和'少'合成'妙'字；'外孙'，是女儿之子，'女'和'子'合成'好'字；'齑臼'，是受辛辣之味的，'受'和'辛'合成'辤'（辞的异体字）字。这八个字的意思，说的是'绝妙好辞'。"曹操也记下了自己解出的意思，与杨修相同。曹操惊叹道："尔之才思，敏吾三十里也。"意思是说"我的才智比不上你，竟然相差三十里"。

之后曹操把杨修从一个三百石低品秩官员，一下子提升成为等同两石官员的丞相府主簿。曹操对杨修的赏识可见一斑。正因如此，才导致自魏太子以下，都争着与杨修套近乎，可见那时很多人也都是势利眼。而才学名气皆在杨修之上的建安七子中，孔融、王粲、徐干、陈琳、阮瑀、应场和刘桢地位都不如杨修。但杨修恃才傲物，终于把自己的命给送了。

有一次，曹操建造花园时，动工前工匠们请曹操审阅花园工程的设计图纸，曹操看了什么也没说，只在园门上写了一个活字。工匠们不解其意，忙去问杨修。杨修说："丞相嫌园门设计的太大了"，工匠们按杨修的提示修改了方案。曹操见改造后的园门，心里非常高兴，问工匠们如何知道自己的心意的，工匠们说多亏了杨主簿的指点。曹操口中称赞杨修，心里却嫉恨起杨修的才华。

有一天，塞北有人给曹操送了一盒精美的酥（奶酪）。曹操在盒上题上"一合酥"，放在案头。杨修见了，拿来勺子，将酥一人一口分给大家吃了。后来，曹操问其故，杨修从容回答说："盒上明明写着'一人一口酥'，怎么敢违抗丞相的命令呢？"曹操虽然喜笑，而心头却开始讨厌杨修。

曹操多猜疑，生怕人家暗中谋害自己，常吩咐左右说："我梦中好杀人，凡我睡着的时候，你们切勿近前！"有一天，曹操在帐中睡觉，落被于地，一近侍慌取被为他覆盖。曹操即刻跳起来拔剑把他杀了，复上床睡。睡了半天起来的时候，假装做梦，吃惊地问："是谁杀了我的侍卫？"大家都以实情相告。曹操痛哭，命厚葬近侍。人们都以为曹操果真是梦中杀人，唯有杨修又识破了他的意图，临葬时竟指着近侍尸体而叹惜说："不是丞相在梦中，是你在梦中罢了！"曹操听到后更加厌恶杨修。

曹操的嫡三子曹植，爱慕杨修的才华，经常邀请杨修谈文论史，终夜不停止。曹操与众人商议，想立曹植为世子。曹丕知道这件事情后，秘密地请朝歌的长官吴质到他家里商议，因为怕有人觉察到，就把吴质藏在大簏子中，只说是绢匹在内，拉到自己家中。杨修知道这件事情后，径直来告诉曹操。曹操派人到曹丕的家中秘密观察。曹丕惊慌地告诉吴质。吴质说："不要担忧，明天再用大簏子装上绢还进家来迷惑他们。"曹丕按照吴质的话，又用大簏子载了一些绢进家。曹操的使者搜查簏子中，果然是绢，就回报曹操，曹操因此怀疑杨修欲害曹丕，更加讨厌杨修。

曹操想试试曹丕和曹植的才华。一天，命令他们哥俩各出邺城的大门，却私下里让人吩咐看大门的官吏，不让他们放这哥俩出去。曹丕先到大门前，看大门的官吏阻拦他，曹丕只得退回。曹植听说后，向杨修请教怎么办。杨修说："你奉了王命出大门，如果有阻挡的，就把他斩掉即可。"曹植听信了他的话，等到了大门，门吏阻拦住他，曹植大声叱骂他说："我奉王命出门，看谁敢阻挡！"立即斩了拦他的官员。于是曹操认为曹植有能耐。后来有人告诉曹操说："这是杨修教曹植这么干的。"

曹操大怒，因此也不再喜欢曹植了。

杨修曾经为曹植作答教十多条，只要曹操问问题，曹植就依照内容一条一条地回答。曹操拿军国大事问曹植，曹植居然也能对答如流。曹操心中特别怀疑。后来曹丕暗地里买通了曹植左右的人，偷了答教来告诉曹操。曹操见了大怒说："这小子哪里敢这样欺骗我！"这时就产生了杀杨修的心思。

平汉中时，曹操连吃败仗。欲进兵，怕马超拒守。欲收兵，又恐蜀兵耻笑，心中犹豫不决。适逢庖官进鸡汤，曹操见碗中鸡肋，因而有感于怀。这时夏侯惇入帐，禀请夜间口令，曹操随口答"鸡肋"。杨修见令"鸡肋"，便让随行军士收拾行装，准备归程。将士们问何以得知魏王要回师，杨修说："从今夜口令，便知魏王退兵之心已决。鸡肋者，食之无味，弃之可惜。今进不能胜，退恐人笑，在此无益，不如早归。魏王班师就在这几日，故早准备行装，以免临行慌乱。"曹操早恨杨修才高于己，今见杨修又猜透了自己的心事，便大怒以扰乱军心定罪，杀了杨修。杨修去世时年仅 34 岁。

曹操杀了杨修，假装对夏侯惇发怒，要把夏侯惇斩首。很多官员上奏申请免去夏侯惇的死罪。曹操这才斥退夏侯惇，下令第二天进兵攻打。

第二天，曹操兵从斜谷地界的路口出来，有一支军队在前面，为首的大将是魏延。曹操对魏延招降，魏延大骂曹操。曹操命令庞德出战。魏延和庞德正打得激烈的时候，曹操营寨内突然有大火出现。有士兵来报说是马超偷袭了中寨和后寨。曹操出剑说："各位将士有后退的斩首！"

众多将军奋力向前冲杀，魏延假装战败逃走。曹操于是指挥军队回头攻打马超，曹操自己骑马站在高处，看着两军对战。忽然又一支军队冲到曹操的面前，大喊："魏延在这里！"魏延拿起弓，箭上弦，射中了曹操。曹操从马上翻身落下。魏延扔下弓箭拿起刀，催赶着战马冲到山坡来杀曹操。这时从旁边冲出来一个将军，大喊："不得伤害我的主公！"一看，发现是庞德。庞德奋力向前，击退魏延，护送着曹操逃走。

马超败退后，曹操也带着伤回到了营寨，他被魏延射中人中，掉了两颗门牙，马上命令军医救治。这时曹操才想起杨修的话，马上把杨修的尸身收回厚葬，随后下令调动军队。

七、权力之争

尽管曹操自认宝刀不老，但到了晚年，选择继承人还是成为不可避免的事情。曹操的儿子很多，个个聪明可爱，而且曹操望子成龙，情意殷殷，期望把儿子培养成能文能武的国家栋梁。这从曹操赠刀的故事中可以看出。

曹操有一把宝刀叫"百辟刀"，用做"慴服奸宄者"，为"百炼利器，以辟不祥"之意。他让工匠仿造了五把，自留两把，其余分赠曹丕、曹植和曹林。曹植曾写《宝刀赋》记叙此事，其序文如下：

"建安中，家父魏王，乃命有司造宝刀五枚，三年乃就。以龙、虎、熊、马、雀为识，太子得一，余及余弟饶阳侯各得一焉。其余二枚，家王自仗之。"

文中有形容刀之锋利的词句，如："陆断犀革，水断龙角，轻击浮截，刃不纤削。逾南越之巨阙，超西楚之太阿。""陆断"二句，言其适用于水陆攻战。"轻击浮截"，是说刀轻用之省力。"刃不纤削"，是说其经久耐用。巨阙剑为越王勾践所佩，太阿剑为欧冶子、干将所铸。百辟刀超过了著名的巨阙剑和太阿剑，可见其珍贵。

曹操还送给曹植四副铠甲：黑光铠、明光铠、两当铠、环锁铠各一领，银鞍一具，大宛紫血马即产于西域大宛的紫红色的汗血马，非常名贵。曹植说："此马形法应图，善持头尾，教令习拜，今辄已能，又能行与鼓节相应。"良马应该具备的条件，它全都具有：性情温驯，极通人性，行走、疾驰与鼓音急缓节奏相应，令人不胜喜爱。

曹操送宝刀、铠甲、马鞍和战马给诸子，意在勉励他们习文不忘练武，只有文武双全者才能适应战争的环境。

曹操还常常在征战之时带诸子随行，诸子成人则授权领兵，使之经风雨、见世面。建安二十年（215）七月，他拟选三子任寿春、汉中及关中的军政长官，说："诸子年幼之时，我皆喜爱，但成人之后，德才优秀的儿子才能委以重任。我言行一致，对部下不偏私，对诸子也不偏爱。"由于寿春和汉中战局发生急剧变化，后来只有曹彰任代理骁越骑将军，领兵镇守关中。

在诸子封侯方面，曹彰、曹植、曹据、曹林四子是建安十六年

（211）首批直接封县侯的。曹干是建安二十年（215）第二批封侯的，为高平亭侯。曹衮分封于建安二十一年（216），为平乡侯。曹茂是建安二十二年（217）第四批封侯的，为万岁亭侯。

曹操爱子，并注重因材施教。这不仅显示出了他作为一代军事家的高度修养，同时也体现了他作为一个父亲宽广博爱的胸怀。

曹彰从小就喜欢骑马射箭，体力过人，敢于同猛兽扑斗。而曹操却对他说："你不读书仰慕圣道，而只喜好骑马击剑，不过是一介武夫而已，有什么可值得骄傲的。"督促他读《诗经》等著作，叫他提高自己的修养和素质。可是曹彰对读书根本没有兴趣，对左右人说："大丈夫就应该顶天立地，像卫青、霍去病那样，率领千军万马驰骋沙场。"

一次，曹操要几个儿子谈谈自己的志向时，曹彰明确地回答："身为男儿，就应该身披盔甲，手持锐器，面临危难而无所顾忌，大义凛然，身先士卒。有功的一定要奖赏，有过的一定不能放过。"曹操听罢，哈哈大笑，感觉儿子是在说自己。他见曹彰如此爱武，也就不再勉强他一定学文了。这也算是因材施教，因人制宜吧。

曹丕，字子桓，从小就会骑马射箭，写诗作文也是能手。曹丕长大成人后跟其父亲一样，也是一个能文善武的人物。

建安十六年（211），曹操封曹丕为五官中郎将、副丞相，目的就是为了使曹丕尽快地承担起一些军政事务。曹操在建安十六年（211）西征马超和建安二十年（215）西征张鲁，都把留守邺城的重任交给了曹丕，也是意在培养、锻炼和考察他。

再说曹植。曹植，字子建，比曹丕小 5 岁，但才华过人，文思敏捷。他十多岁时，就能背诵《诗经》《论语》及辞赋等。曹操看他写的文章特别好，竟怀疑到底是不是他自己写的。有一次，他问曹植："这文章出笔巧妙，是不是你请人代作的？"曹植跪下回答说："父王，孩儿岂敢叫人代写文章，现在我已经能言出成论，下笔成章了，何必请人代写。不信，父王可以当面试之。"

到了邺城铜雀台建成之时，曹操真的让他的儿子们当场吟诗作赋。曹植果然是出笔成章，一气呵成。曹操看过后，非常惊异于他的才华。这文章不仅写得好，而且这文字功底也颇显扎实。

建安十九年（214），曹操南征孙权，安排曹植守邺城，临行前告诫他说："我以前任顿丘令时，年龄是 23 岁，今天回想当时的所作所为，并没什么可悔恨之处。现在你也 23 岁了，是不是也该努力自勉呢？"曹操深爱曹植，不断给他锻炼的机会，并时时处处对他加以考验。

儿子众多，但太子只能有一人，这个问题一直困扰着曹操。想当初曹操不过是一个"任侠放荡、不治行业"的少年，后来却成为受九锡之恩宠，有了自己封国的魏王。百年之后，如果自己辛苦创下的基业委之非人，岂不是前功尽弃了吗？

因此，曹操也和历代帝王一样，一开始便很重视对继承人的挑选和确定，也就是立谁为世子。

《三国志》记载，曹操一共有 25 个儿子：卞皇后生文皇帝曹丕、任城威王曹彰、陈思王曹植、萧怀王曹熊；刘夫人生丰愍王曹昂、相殇王曹铄；环夫人生邓哀王曹冲、彭城王曹据、燕王曹宇；杜夫人生沛穆王曹林、中山恭王曹衮；尹夫人生范阳闵王曹矩；王昭仪生赵王曹干，孙姬生临邑殇公子曹上、楚王曹彪、刚殇公子曹勤；赵姬生乐陵王曹茂……

这些儿子中，有几个早逝，其中包括曹操最为钟爱的曹冲。五六岁的时候，曹冲的智力就已达到成人的程度。曹冲称象的故事，久已为人所熟悉。

曹操曾想传位给曹冲。所以曹冲病逝后，曹操十分悲痛，对前去劝慰他的曹丕说："冲儿死了，这是我的不幸，却是你们的大幸！"

然而被曹操所指的"你们"，也并非很幸运、很顺利地当太子继承王位。

213 年，汉献帝正式封曹操为魏国公，赐九锡，标志着魏国正式建立。由此，太子之争也开始了。

《春秋》认为应立嫡长子为世子，不论这位嫡长子是聪明还是愚蠢；《礼记》则认为父子君臣、长幼之道得而国治。整个封建秩序要求君王必须立嫡长子为世子，成为未来的皇帝。但曹操的长子曹昂却在随曹操出征时，因张绣叛乱，为救曹操而被乱箭射杀。

长子既然已经战死沙场，排行第二的曹丕便成了诸子中的"长子"，有了被立为世子的资格。

然而有了太子资格的曹丕是否能真的成为世子，还是一个未知数。更何况与自己年龄仅差五岁的同母弟弟曹植又颇受曹操的宠爱。曹操甚至认为"儿中最可定大事"者是曹植。曹植的好友曾对曹操赞扬曹植说："临淄侯天性仁孝，发于自然，而聪明智达，其殆庶几。至于博学渊识，文章绝伦。当今天下之贤才君子，不问少长，皆愿从其游而为之死。"

曹丕在才气方面就无法和曹植相比了。据《三国志·吴质传》注引《世语》所记：魏王尝出征，世子及临淄侯植并送路侧。植称述功德，发言有章，左右属目，王亦悦焉。世子怅然自失，吴质耳曰："王当行，流涕可也。"及辞，世子泣而拜，王及左右咸欷歔。

于是皆以植辞多华，而诚心不及也。幸得吴质出了主意，不但掩饰了曹丕才思不敏捷的缺陷，而且又赚了个仁孝忠厚的好名声。

这样一来，曹丕和曹植的实力就不相上下了。一个是"长子"，有着千百年来帝王立嗣立长不立幼的传统做后盾，自身素质也还不错；一个虽不是长子，却英才盖世，深受恩宠，更何况有史以来也有帝王不遵礼教废长立幼的故事，于是长幼之争便在他们二人中展开了。

由于两人各有党羽，所以表面看来是兄弟间的竞争，其实也是二人党羽实力和谋略的较量。当时与曹植为伍的有丁仪兄弟和杨修等人；与曹丕结党的则是吴质和贾诩等辈。

丁仪兄弟是曹操好友丁冲的儿子。由于丁冲曾劝曹操迎献帝，曹操很感激他，对他的儿子也就很好。曹操曾经想把自己的女儿嫁给丁仪，但曹丕却认为丁仪眼睛不好使，建议曹操把女儿另嫁了夏侯惇的儿子夏侯楙。后来曹操见到丁仪并和他谈了很久，发现他极有才学，后悔当初听了曹丕的话。他说："丁仪这样有才学，即使双目失明，也应当把女儿嫁给他。何况他只有一只眼不好使呢？都怪子桓误了我的大事！"

丁仪因为曹丕的建议而没有娶上曹操的女儿，觉得很遗憾，便与曹植的关系很好，希望曹植能被立为世子。丁仪经常在曹操面前说曹植的好话，他的弟弟也是如此，并认为曹植是上天赐给魏国的福分。

在曹植的亲信为其游说之时，曹丕的支持者们也积极地行动起来。他们一边对曹丕进行精心的"形象设计"，使之符合做太子的标准，一边以古今废长立幼的恶果劝谏曹操。

吴质劝曹丕在为曹操送行时哭泣流泪，就达到了显示曹丕敦厚朴实个性的目的。而崔琰对曹丕的谆谆教诲，更是用心良苦：有一次曹操出征攻打并州，留下崔琰辅佐曹丕守邺城，但曹丕却不顾自身形象，变换服装外出田猎，想尽情享受驰骋田猎的那种令人心发狂的乐趣。对此，崔琰引之经书，考之当时，对曹丕进行批评，让他以大局为重，丢弃这种不良行为，从而扬播好的名节。曹丕听了他的话，马上改变了自己的行为，并且变得越来越成熟了。

在《三国志·贾诩传》中也记载了贾诩对曹丕的劝诫，希望曹丕弘扬高尚的品德，勤于自己的工作，不违背做太子的准则。

由于曹丕、曹植兄弟各有党羽为之谋划致使曹操在立太子问题上举棋不定。当曹操写信秘密征求众人意见时，只有崔琰提出了自己的看法。他说："盖闻《春秋》之义，立子以长。加五官将仁孝聪明，宜承正统。琰以死守之。"

当时，曹植正是崔琰的侄女婿，可是崔琰却无私地反对立曹植为太子。曹操对崔琰的举动十分赞赏。

曹操的重要谋士之一毛玠，也反对废长立幼。他说："近者袁绍以嫡庶不分，覆宗灭国。废立大事，非所宜闻。"

贾诩面对曹操关于立谁为世子的询问，默而不答。曹操问他为什么不回答自己的问话。

贾诩说："我正在想你问我的问题，所以不能马上回答。"曹操便问他在想什么，他回答说："我在想袁绍和刘表这两家父子的事。"

如果说历史上废长立幼的教训仅是书中的记载，尚不足以撼动曹操，那么与曹操同处一个时代，又是竞争对手的刘表和袁绍两家的继承人之争，却使曹操深受震动。

刘表因废长子刘琦立刘琦异母弟刘琮，袁绍因废长子袁谭立袁谭异母弟袁尚，而导致内讧，自相残杀，最终削弱了自己的势力被曹操所灭。惨痛的教训就在面前，曹操怎能等闲视之。

然而话又说回来，古代也好，今朝也罢，毕竟只是"别人家"的事，更何况废长立幼并非百分之百地导致祸乱。像曹操用以自比的周文王，虽然长子没继位，却开创了八百年的基业。

将历史再上溯，尧舜禅让的故事，废的又岂止是长子？干脆连所有的"子"都废了，把帝位让给了别人，然而天下不但没有大乱，相反却大治。接受皇位的人成了历代帝王们效法、尊崇、膜拜的对象。

还是毛宗岗那句"皇帝不皇帝，岂在玉玺不玉玺"，说得入木三分。借用过来，太子不太子，岂在长子不长子？

所以能否成为太子，出生时间的先后并不重要，关键看你有没有当太子的资本。太子就是未来的皇上，凡是要求皇帝具备的素质，太子也都应该具备。

曹丕和曹植相比，虽然没有曹植浪漫的诗人气质及才情，却更接近于一个政治家的气质。《三国志·桓阶传》中桓阶评价曹丕为"德优齿长，宜为储副"。其注又引《魏书》中桓阶规谏曹操所说："今世子仁冠群子，名昭海内，仁圣达节，天下莫不闻。而大王甫以植而问臣，臣诚惑之。"

曹植与曹丕相比，在政治上就显得极不成熟了。

曹操曾下禁酒令，以保证粮食的供应，安定北方。而曹植却经常饮酒至大醉，甚至因此耽误军政大事。一次曹操准备派他领兵去解救被关羽围困的曹仁，因其喝醉而未能受命，令曹操十分生气。

后来又同杨修一起饮酒大醉，乘车从禁门出宫，惹怒了曹操，于是下了《曹植私开司马门下令》，令中说："始者谓子建，儿中最可定大事。自临淄侯植私出，开司马门至金门，令吾异目视此儿矣。"

从此曹植所受的恩宠一天不如一天。《三国志·陈思王传》及注加上我们前文曾提到的杨修与曹植一起骗曹操，致使曹操终于下定决心，于217年下了立世子令。告子文："汝等悉为侯，而子桓独不封，止为五官中郎将，此是世子可知矣。"

曹植私出司马门，等于给自己投了一张具有决定意义的否定票。立世子令则为四年的世子之争画了个句号。

曹丕才能不及曹植，受喜爱程度不及曹冲，曹操为了这个立世子令，也是在情感与理智间犹豫徘徊了很久。是立自己喜欢的儿子还是对江山社稷有益的儿子，曹操选择了后者。看来曹操还是以江山社稷为重，宁可违背自己的意愿，也不能断送了"曹氏集团"未来的发展。

曹操临终前对心腹大臣说："今卞氏生四子：丕、彰、植、熊。孤平生所爱第三子曹植，为人虚华少诚实，嗜酒放纵，因此不立；次子曹彰，勇而无谋；四子曹熊，多病难保；唯长子曹丕，笃厚恭谨，可继我业，卿等宜辅佐之。"

知臣莫若君，知子莫若父，曹操临终前对诸子的评价很是公允，说明他对自己的儿子还是很了解的。

曹操去世后，曹植便没有了与曹丕争王位的想法。在任城王曹彰带十万大军前来为曹操奔丧时，对曹植说："父王召我来，是想让我拥立你为王吧？"

曹植马上回答道："千万别这样说，难道你没看见袁氏兄弟的先例吗？"为了魏国的利益，曹植放弃了他曾经追求的东西。

然而曹丕却仍把他当成防范的对象，屡次刁难他。《世说新语》中"七步诗"的故事，便说明了这点。

文帝尝令东阿王七步中作诗，不成者行大法。应声便为诗：

煮豆持作羹，漉菽以为汁。

萁在釜下燃，豆在釜中泣。

本自同根生，相煎何太急？

　　一计不成，又生一计。一次曹丕借与任城王曹彰下围棋之机，用毒枣药死了曹彰，并想同样加害曹植。由于卞太后的干预才作罢。加害不成，只好屡次贬曹植爵位、迁徙封地。

　　曹植在《迁都赋》中，描述了这种迫害下颇为艰难的生活状况：号则六易，居实三迁；连遇瘠土，衣食不继。

　　由于在世子之争中失败，曹植后半生充满了辛酸。他在诗文中展现出的超众的才华，致使后世的人们很同情他。人们不去为胜利者欢欣，却只为失败者悲伤。甚至曹丕在得知自己被立为世子后流露出的喜悦，也被视为错误。

　　初文帝与陈思王争为世子，既而文帝得立，抱辛毗颈而喜曰："辛君知我喜不？"毗以告宪英，宪英叹曰："太子代君主宗庙社稷者也，代君不可以不戚，主国不可以不惧。宜戚而喜，何以能久？魏其不昌乎！"

　　其实，曹丕作为世子，比曹植更为合适。曹植为人很真诚，却未免有些天真，缺少城府；既有父亲的宠爱，又有亲信的相助，自身的才气，稍加些谋略，得到世子之位轻而易举吗？而最后却以失败告终，只能怪自己在权术方面的无能。而曹丕却善纳忠言，为人处世，谨慎小心。东吴儒将陆逊评其曰："吾料魏主曹丕，其奸诈与父无异。"兵不厌诈，权术亦不厌诈，奸诈些的曹丕也许更适合从政。

八、英雄迟暮

樊城之围解除以后，曹操松了一口气，从前方回到洛阳。但是，由于长期的军旅生活紧张疲劳，旧病反复发作，请医服药，都不见效。

一天夜里，他突然感到全身不适，头痛得特别厉害。他想起了名医华佗，但前几年已被自己杀了，此时后悔已晚。第二天早晨，他喝了点小米粥，出了些虚汗，又服了当归汤，仍不见效。到了第三天，便感到身体支持不住了。他召心腹大臣曹洪、贾诩、华歆、陈群、司马懿等来到榻前，对他们说：

"我在军中依法办理是对的，至于小发怒，大过失你们都不应当学……"

"大王一生以法治军，说不上有什么大过失。望大王静心养病，别的不必忧虑。"华歆在一旁轻声说。

"不，我看来是不行了。"曹操继续说道，"现在天下还没有安定，不能遵照古代丧葬的制度。我有头痛病，很早就戴上了头巾，我死后，穿的、戴的就像活时一样。文武百官来殿中吊唁的，只要哭几声就算了，安葬以后，便脱掉哀服，那些驻防各地的将士，都不要离开岗位，官吏们都要各守职责。我死后就埋葬在邺城西面的山冈上，跟西门豹的祠堂靠近，不要用金玉珍宝陪葬。"

说到这里，卞氏和一群婢妾、歌舞伎人一边抽泣，一边跪在曹操榻前。曹操看了看她们，断断续续地对左右大臣说："她们都很勤劳，我死后，要把她们安置在铜雀台，好好对待她们。"然后又对妻妾们说道："你们要在铜雀台的中央安放一个六尺长的床，挂上灵幔，供上祭物，每月初一、十五，你们应向灵帐歌舞。平时，你们要常常登上铜雀台，看望我的陵墓。"然后，又对卞夫人说："我遗下的熏香可以分给各房夫人，不要用香来祭祀。各房的人没事做，可以让她们学着纺织丝带和做鞋子卖，还有那四只箱子……"

说到这里，曹操忽然呼吸急促起来，卞夫人要他别再说话。她知道曹操这一生主张节俭，有时衣服、蚊帐破了，不准换新的，而要缝补了再用；坐的茵褥，只要它温暖，从不镶边和绣花；他的姬妾都不准穿着锦绣。曹植妻子就因为穿了绣衣，被他知道，勒令把她退回娘家，并逼她自杀。他生前仅做了送终的四季衣服，盛在四只箱子里，箱子上分别标上了春夏秋冬的字样。卞夫人问，是否还要做些衣服，曹操挣扎着说道："不用了，只要那四只箱子即可，其他一概不要放。我历年做官所得的各种绶带，以及一些衣服，都放在府库里，如果留着没用，可以让孩子们分掉。"

说到这里，曹操就再也不开口了。

此时为220年，建安二十五年正月二十三日。曹操死时，年66岁。

曹操死后，曹丕继承父亲的职位成为魏王、丞相，尊父亲为魏武王，母后卞氏为王太后。同年十月，曹丕便废掉了汉献帝，正式称魏文帝，追尊他父亲为武皇帝。

从曹操起兵陈留，以后与吕布争兖、徐，与袁绍战官渡，接着击灭三郡乌桓，取荆州，进兵关陇，统一了中国的北方，与刘备争夺汉中和襄樊，与孙权相持合肥一带，可以说曹操35岁起，到66岁止，这三十几年中，没有一年没有战争，参加过大小近五十次战役，其中大都是由曹操亲自指挥的。在战官渡以前，曹操战败的次数很多，但是后来由于他能够倾听和采纳臣下正确的计谋，因而在对全局起决定作用的战役中，如官渡之战、柳城之战、渭南之战等，打了一系列胜仗。

曹操从最初指挥两三千人，到后来能够指挥四五十万大军。曹操在争夺汉中时曾经讲过："作统帅的遇到险情，心中怯弱时，不能只凭勇气和蛮力。统帅自当以有勇气为根本，动用时还要以智慧来驾驭，如果只知道蛮干，就仅仅是一个勇士罢了。"

曹操个子不算高大，但为人很有精神。平日不大讲究仪容，与人言谈常常谈笑风生，动作也比较随便。曹操酷爱读书，擅长做乐府诗。"好音乐，倡优在侧，常以日达夕"；草书写得很好；下围棋，也是能手。

曹操为人多疑狡诈，残酷。有一次午睡，在睡前叫他的一个宠妾到时候叫醒他，到了时间，那个宠妾看到曹操睡得正甜，不去催他起来，等曹操自己醒来，就把这个宠妾用棒打死了。又有一个奏乐的女伎，嗓子非常好，可是不肯奉承曹操，曹操想把她杀掉，又恐怕再找不出这样嗓子好的人，就挑选了一百个人，让她教她们声乐，不久，这一百个人中果然有一个嗓子和那个女伎声音差不多，曹操就用她来填补那个女伎的缺，而把那个女伎杀了。

"建安七子"之首孔融仗着自己的才干和声望，常常不太买曹操的账，并议论政治，曹操便不能容忍，逮捕孔融一家，全部处决。

曹操对文学有很深的造诣和爱好。《魏书》说他"登高必赋，及造新诗，被之管弦，皆成乐章"。他的散文，文字简短，别具一格，善于用朴质无华的语言直抒襟怀，文笔苍劲，气势雄伟，鲁迅称他为"改革文章的祖师"。

曹操也十分重视有才华的文士，"建安七子"都一度是他的幕僚。汉末著名女诗人蔡琰（蔡文姬），在军阀混战中被乱兵掳走，流落在南匈奴12年。曹操因为和她的父亲蔡邕是知交，又看重她博学多才，专门派人用重金把她赎回。

曹操的一生，有不少功绩，也有不少罪过；是伟人，也是凡人。然总其一生，律己很严，对生活很投入，也很认真。鲁迅评价曹操"是一个很有本事的人，至少是一个英雄。"

参考文献

［1］吕思勉：《三国史话》，中华书局，2009 年版。

［2］柳春藩：《正说诸葛亮》，中国青年出版社，2008 年版。

［3］陈寿：《三国志》，中华书局，1982 年版。

［4］史杰鹏：《赤壁》，广西师范大学出版社，2008 年版。

［5］张作耀：《曹操传》，人民出版社，2002 年版。

［6］易中天：《品三国》，上海文艺出版社，2006 年版。

［7］罗志仲：《诸葛亮：谋略人生》，岳麓书社，2008 年版。